CONCOURS

RÉGIONAL

DE MONTPELLIER

Du 2 au 10 mai 1868

PAR JACQUES VALSERRES

Extraits du *Messager du Midi*

MONTPELLIER
IMPRIMERIE TYPOGRAPHIQUE DE GRAS

M DCCC LXVIII

CONCOURS

RÉGIONAL

DE MONTPELLIER

Du 2 au 10 mai 1868

PAR JACQUES VALSERRES

Extrait du *Messager du Midi*

MONTPELLIER

IMPRIMERIE TYPOGRAPHIQUE DE GRAS

—

M DCCC LXVIII

CONCOURS
RÉGIONAL
DE MONTPELLIER

I. — SITUATION ÉCONOMIQUE DE LA RÉGION

Parmi les douze circonscriptions formant le territoire, au point de vue des grandes assises qui se tiennent durant le mois de mai, il n'en est pas de plus homogène que celle dont Montpellier est cette année le chef-lieu. Sans compter la Corse, qui assiste rarement à ces tournois pacifiques, les huit départements dont la région se compose se trouvent échelonnés sur les bords de la mer, entre les frontières d'Italie et d'Espagne. Ils jouissent du même climat, possèdent les mêmes cultures, sont soumis aux mêmes circonstances, éprouvent les mêmes besoins. Le résumé rapide que nous allons présenter prouvera l'évidence de cette thèse.

Le climat des bords de la Méditerranée est généralement sec et chaud ; le ciel est presque toujours bleu. L'été, une température tropicale, rarement adoucie par les pluies, dessèche le sol et brûle les plantes. Il n'y a que la vigne, l'oranger, l'olivier, le mûrier, l'amandier, etc., qui se plaisent dans ce milieu. Aussi la culture arbustive est-elle celle qui convient le mieux à la région. Ces cultures sont souvent endommagées par les gelées tardives et par la grêle qui tombe durant l'été. Les gelées tardives sont surtout déterminées par la pureté du ciel, très-favorable au rayonnement de la chaleur terrestre ; la grêle est principalement due au déboisement, car les grands végétaux, en facilitant la circulation de l'électricité des régions supérieures vers les régions inférieures, empêchent ce phénomène de se former.

Ce climat excessif n'est point favorable aux céréales ni aux prairies naturelles non irriguées. Souvent, à l'époque où le grain se forme, il est tout à coup détruit par l'échaudage, tandis que les prairies, faute d'humidité, ne donnent qu'une faible coupe. Il faut toutefois en excepter la luzerne, qui en fournit plusieurs, parce que ses racines pivotent profondément dans le sol.

Le climat exerce aussi une influence considérable sur les habitants et sur les animaux. Les hommes éprouvent peu de besoins sous un ciel aussi clément ; c'est pourquoi ils sont moins disposés au travail. Les animaux, n'ayant presque toujours qu'une nourriture insuffisante, sont de plus petite taille que leurs congénères du Nord. L'espèce bovine est clairsemée dans la région. L'espèce chevaline y est assez rare ; elle est généralement remplacée par les mules, qui exécutent les labours et les transports. L'espèce ovine, eu égard à la facilité avec laquelle elle peut se nourrir, joue le plus grand rôle. Pour remédier à ce climat brûlant, il faudrait opérer le reboisement sur une grande échelle et employer, au profit de l'agriculture, toutes les eaux qui coulent vers la mer.

La vigne est la grande industrie de la région : les trois départements de l'Hérault, de l'Aude et du Gard, produisent du vin en grande abondance. Le prix de revient est si faible, que, après avoir traversé toute la France et acquitté des droits onéreux, ce vin peut faire concurrence au cidre de Normandie. Il y a donc là de véritables éléments de richesse pour la région. Si les produits de la vigne n'avaient point à supporter des transports aussi élevés, et surtout si les octrois ne s'opposaient pas à leur entrée dans les villes, on pourrait doubler, dans le Midi, l'étendue de la vigne. On planterait des terres aujourd'hui sans valeur, et l'on en retirerait un revenu plus considérable que celui des meilleures terres du Nord.

Après la vigne, il faut placer l'olivier, l'amandier, qui se rencontrent dans toute la région. L'olivier semble surtout se plaire dans les Alpes-Maritimes et dans le Var. Là il acquiert une assez grande taille ; mais aussitôt qu'on a franchi le Rhône, sauf de rares exceptions, il devient un arbuste et ne donne plus qu'une médiocre récolte. Toutefois l'huile d'olive est, après le vin, ce qui rapporte le plus.

L'amandier donne aussi parfois de bons revenus; mais, comme cet arbre fleurit de très-bonne heure, il est souvent atteint par la gelée; aussi l'arrache-t-on sur plusieurs points de la région. Les branches de produits appelées à un grand avenir, ce sont les fruits et les primeurs. Le raisin de table, surtout lorsqu'on sait bien choisir les cépages, mûrit très-vite sur les bords de la Méditerranée. On peut donc l'expédier de très-bonne heure dans le nord de l'Europe, où on l'achète au poids de l'or. Les artichauts, les asperges, les petits pois, etc., sont complétement développés lorsque Paris est encore sous les frimas. On peut donc, en multipliant ces cultures, obtenir de très-gros revenus. On sait déjà que Perpignan, Hyères et Antibes, envoient à la capitale, à partir du mois de janvier, des primeurs de toute sorte.

Quelques départements de la région ont le privilége de cultiver l'oranger, ainsi que certaines fleurs destinées à la parfumerie. Les orangers se trouvent principalement dans les Alpes-Maritimes et dans les Pyrénées-Orientales. Ces orangers produisent surtout des fleurs pour la parfumerie. Quant à ceux qui jadis donnaient des oranges, ils ont presque entièrement disparu sous les atteintes d'une maladie dont on n'a jamais pu deviner les causes.

Dans les environs de Grasse, on cultive le jasmin, la tubéreuse, la cacie, les rosiers, etc., dont les fleurs servent de matière première à la parfumerie. La petite ville de Grasse expédie ses produits embaumés sur tout le globe.

Le mûrier occupait autrefois une large place dans la région. Son importance a beaucoup décrû depuis la terrible maladie qui décime les vers à soie. Sur quelques points on n'a pas craint d'arracher les plantations. Ceux qui ont confiance dans l'avenir les conservent. Il faut espérer que la gattine cessera un jour et que l'industrie séricicole reprendra son antique splendeur. Quoi qu'il en soit, la maladie du bombyx mori a causé un très-grave préjudice, non-seulement aux éducateurs, mais encore aux industriels qui filent les cocons et qui moulinent les gréges.

Le département de Vaucluse, un des plus petits et des plus riches de la région, se distingue par la variété de ses cultures.

Il exploite d'abord la vigne, l'olivier, l'amandier et le mûrier. Il cultive, en outre, sur une très-grande échelle, la garance, et, dans de moindres proportions, le chardon cardère. Enfin il se distingue surtout par ses luzernières irriguées, qui donnent jusqu'à sept coupes. Ce département est sillonné par de nombreux canaux d'irrigation empruntés à la Durance. Il est, en outre, traversé par les sept *sorgues* qui proviennent de la fontaine de Vaucluse et qui sont exclusivement consacrées à faire mouvoir de nombreuses usines. Parmi ces usines, il faut en compter environ quarante qui transforment les racines de garance.

L'ancien comtat Venaissin se distingue, en outre, par la culture de la truffe, qui tend à prendre des proportions considérables. On y produit le précieux tubercule en multipliant les plantations de chênes, et en donnant à ces plantations deux cultures chaque année. La commune de Bédouin, qui possède le mont Ventoux, est en train de le couvrir de chênes truffiers ; plus de quatre mille hectares seront plantés de cette essence. Que l'on juge du revenu de cette commune lorsque tous ces chênes auront atteint leur vingtième année. Si l'on acceptait les chiffres accusés par M. Rousseau, de Carpentras, un hectare de truffières devrait rapporter au moins 500 fr. de revenus. C'est deux fois plus que ne vaut la terre consacrée à ce genre de production.

Les céréales n'occupent qu'une très-faible place dans la région : c'est à peine si elles peuvent nourrir la population pendant six mois. Cette culture rapporte fort peu. D'après la statistique du gouvernement, le blé reviendrait de 22 à 23 fr. l'hectolitre chez les producteurs. Le rendement par hectare, sauf de rares exceptions, ne dépasse guère 10 à 12 hectolitres. Cette faible récolte, il faut l'attribuer d'une part au climat excessif, de l'autre à la mauvaise culture. Si l'on en excepte les riches palus de Vaucluse, qui sont profondément remués lors de l'arrachage de la garance, les autres terres, à peine grattées par le vieil araire, ne reçoivent aucun engrais. Tout celui qui est produit appartient aux vignes et aux cultures arbustives ou industrielles. Dans cette situation, la récolte du blé ne peut être que médiocre.

La région n'a point, à proprement parler, de races bovines qui lui soient particulières : elle tire ses bœufs de labour de la Lozère et du Cantal, et ses vaches laitières, de la Savoie et des Hautes-Alpes. L'espèce ovine est beaucoup plus nombreuse ; aux anciennes races du pays il faut ajouter la barbarine, qui vit sur les bords de la mer et donne deux agneaux par an ; vient ensuite le mérinos, qui a conservé à peu près la taille et la toison de son congénère de la Péninsule. Les nombreux troupeaux des environs d'Arles se composent du petit mérinos très-rustique, qui passe son hiver dans la Provence et son été au sommet des Alpes.

La Camargue possède une petite race de chevaux blancs qui descend de l'arabe et qui se sont conservés malgré les mauvaises conditions de nourriture et d'hygiène dans lesquelles il se trouvent placés. La région renferme très-peu de chevaux de labour : la température brûlante ne convient guère à cet animal. On lui substitue les mules du Poitou, qui sont beaucoup plus sobres, résistent mieux au climat et donnent presque autant de force. Ces avantages font apprécier la mule dans la région.

Depuis la création de chemins de fer, les vins du Midi se vendent beaucoup plus facilement et à de meilleurs prix. Jadis, faute de moyens de transport, on les distillait. Aujourd'hui ils s'écoulent en nature et à des cours beaucoup plus rémunérateurs qu'à l'époque où on les convertissait en alcool. Le département de l'Hérault doit être cité comme un de ceux qui ont fait faire le plus de progrès à la viticulture dans la région. C'est à son exemple que l'on doit l'introduction du soufrage pour combattre la maladie de la vigne ; c'est lui qui le premier a substitué les cuves de bois aux cuves de maçonnerie et a fait subir à la vinification des réformes importantes. A tous ces titres il est digne d'une mention très-honorable.

Ce qu'il faut aux départements qui longent la Méditerranée, c'est un bon système de crédit, des écoles d'agriculture, une assurance contre la grêle et la mortalité du bétail et des canaux d'irrigation. Le cultivateur n'a pas toujours à sa disposition le capital nécessaire pour tirer de son patrimoine le meilleur parti possible. Il conviendrait donc, pour rendre ses travaux plus fructueux, d'établir des banques agricoles dont le mécanisme principal reposerait sur le nantissement à domicile.

En second lieu, il faudrait créer un Institut régional, pour donner aux fils de grands propriétaires les connaissances que ces derniers ne possèdent pas toujours. Il faudrait que dans cette école on s'occupât de toutes les cultures de la région et qu'on fît voir comment il serait possible de les améliorer. A ce programme il faudrait joindre tout un enseignement pratique sur la manière de faire les vins et de les conserver. Cette partie de l'enseignement serait très-importante, car l'œnologie, dans la région, laisse encore à désirer. Chaque année, faute de soins judicieux, il s'avarie beaucoup de vins, et ceux qui sont livrés à la consommation sont souvent défectueux sous le rapport du cuvage et des soins qu'il conviendrait de leur donner dans les fûts.

Un bon système d'assurance contre la grêle et contre la mortalité des bestiaux serait le complément des institutions de crédit que nous proposons de fonder. On aura beau établir des banques et prêter de l'argent aux viticulteurs ; tant qu'ils ne seront point certains d'obtenir un minimum de récolte, ils éprouveront des embarras pour rembourser les emprunts qu'on leur aura consentis. Cette sécurité ne peut exister qu'avec une institution qui réparerait, pour le producteur, les pertes dont il aurait à souffrir par suite de la grêle et de la mortalité des bestiaux.

Comme moyen de s'opposer aux désastres causés par la séche-resse, il faudrait multiplier les canaux d'irrigation et ne point per-mettre qu'une goutte d'eau coulât stérile vers la mer. Nous savons bien que la région possède peu de rivières, si toutefois on en excepte le Rhône, qui la traverse par le milieu ; mais nous savons aussi qu'on peut considérablement augmenter la quantité d'eau dispo-nible en faisant des barrages et en arrêtant les eaux qui coulent sur les pentes. Les barrages qui se rempliraient pendant l'hiver four-niraient aux cultures, durant l'été, un supplément très-appréciable. Les eaux de pluie qui glissent sur les pentes pourraient être diri-gées dans des rigoles à niveau et fertiliseraient ainsi des terres aujourd'hui complétement stériles. Avec cet ensemble de mesures on multiplierait, dans la région, les plantes fourragères et les ra-cines ; on doublerait ainsi, on triplerait peut-être les existences de bétail, et on l'aurait alors beaucoup d'engrais pour fertiliser les terres. Enfin il faudrait que sans retard on procédât au reboise-ment. C'est la dénudation du sol et son état de sécheresse qui re-pousse les nuages et empêche la pluie de tomber.

Telles sont, en résumé, les considérations économiques dont nous avons cru devoir faire précéder notre compte rendu. Abor-dons maintenant les détails et commençons par la mécanique agri-cole. Nous nous occuperons de l'outillage propre à la culture de la vigne et la fabrication du vin.

II. — ESPÈCE BOVINE

Il n'existe point de races bovines particulières à la région : celles qu'on y rencontre appartiennent aux départements limitrophes. Les bœufs de travail sont fournis par la Lozère et le Cantal ; les vaches laitières, par la Savoie et les Hautes-Alpes. Le département de l'Hérault tire ses vaches laitières de la Savoie ; ceux qui sont sur la rive gauche du Rhône les font venir des Hautes-Alpes. Ces races ont entre elles de grandes analogies. Eu égard à la taille, elles donnent un bon produit. M. Gaston Bazille l'évalue à 9 litres par jour. Ces vaches sont rustiques et s'engraissent rapidement aussitôt que la sécrétion lactifère vient à diminuer.

Ce qui forme le gros du Concours, c'est la race tarentaise, très-répandue dans l'Hérault, le Gard, Vaucluse et l'Aude. Vient ensuite le schwitz, qui est presque aussi nombreux. L'aubrac apporte un faible contingent. Il en est de même de la petite race d'aoste, de la bretonne, etc.

Le programme ne comprend que trois catégories : les races françaises diverses pures, les races étrangères diverses pures et les croisements divers. La région ne possède que des bêtes à cornes d'emprunt. La sécheresse du climat, la cherté des fourrages, le défaut d'irrigations, expliquent cette anomalie. Nous le répétons, l'espèce bovine n'est ici que comme une machine à lait chargée de pourvoir aux besoins de la consommation.

Avec des circonstances aussi défavorables, la production du lait devient onéreuse. En comptant le cours moyen du fourrage à 7 fr. les 100 kilos, prix de revient chez le producteur, l'entretien d'une vache doit être fort cher. Les nourrisseurs de Paris, qui fournissent un lait de malade, dépensent en moyenne 1 fr. 50 par tête et par jour. Mais ils n'ont que des flamandes, des hollandaises et des normandes, qui donnent au moins 16 litres. Ils vendent le litre 20 cent. A ce taux, ils ne sont point en perte ; mais, dans les environs de Montpellier, d'Avignon, de Marseille, de Toulon, une vache doit dépenser au moins 2 fr. par jour. Comme elle appartient à des races plus petites et moins fécondes que celles du Nord, et que, d'ailleurs, le climat ne se prête guère à la production du lait, une moyenne de 7 à 8 litres est tout ce qu'on peut espérer ; d'un autre côté, si le prix de vente varie de 20 à 25 cent. le litre, il faut que les nourrisseurs soient très-diligents pour qu'ils puissent joindre les deux bouts. Nous allons le prouver par des chiffres. Mais recherchons d'abord si les races introduites dans la région répondent au but qu'on se propose.

Ce serait folie que de songer à la flamande, à la hollandaise et à la normande, parce que ces races ne peuvent prospérer que dans les grands herbages. Mais voyons si le Midi ne renfermerait point des variétés que l'on pourrait introduire avec profit. Une seule race dans les Pyrénées se distingue par ses qualités laitières, c'est la lourdaise. Elle vit sur les bords du Gave, et fréquente, durant la belle saison, les riches pâturages des Hautes-Pyrénées. Elle ne paraît point se plaire dans le bas pays : elle se trouve concentrée dans les deux ou trois départements qui touchent aux frontières d'Espagne. L'Exposition ne renferme aucun de ces types.

Mais il y a une aubrac-bordelaise, croisement que rien ne justifie. La bordelaise est un mélange de hollandais et de breton, qui peuple la banlieue de Bordeaux et alimente cette grande ville. Cette vache est bonne laitière. Elle vit sur d'anciens étangs desséchés et convertis en pâturages ; toutefois, bien que le climat de Bordeaux se rapproche beaucoup de celui du Midi, nous ne pensons pas que cette bête pût convenir à la région.

Après un examen approfondi, nous croyons que les savoyardes et leurs congénères du haut Dauphiné répondent le mieux aux besoins et qu'il serait téméraire de leur en substituer d'autres ; mais nous n'acceptons point au même titre les vaches de Schwitz, parce qu'elles sont moins rustiques, plus difficiles à nourrir, et que, comparativement à la dépense, elles fournissent moins de produits. La vache de Schwitz réclame, durant l'été, des herbes aromatiques, un air tempéré et des eaux fraîches. Ces conditions, si elle les trouve dans le canton dont elle est originaire, la région ne lui offre rien de semblable : elle n'a que peu ou point de pâturages : le ciel y est brûlant : les eaux, la plupart du temps, y sont saumâtres ou chargées de fumier. Ce milieu est l'opposé de celui du canton de Schwitz : il n'y a dès lors rien d'étonnant que la vache née en Suisse ne puisse que très-difficilement s'acclimater dans la région. Cette bête ne lui convient point ; les nourrisseurs doivent y renoncer, pour s'en tenir aux races savoisiennes et dauphinoises, les seules qui puissent payer leur entretien.

Avec la cherté des fourrages, la reproduction de ces deux races n'est point possible dans le Midi. D'après des chiffres qui nous sont fournis par M. Gaston Bazille, un élève de treize mois coûte 460 fr. et ne vaut alors que 230 fr. pour la boucherie. La perte sèche est de 230 fr. par tête ; mais, s'il fallait attendre cette jeune bête jusqu'à trois ans, époque où elle doit faire son premier veau, on devrait compter une perte au moins triple de celle que M. Bazille constate à treize mois.

L'industrie de la vache laitière dans les environs de Montpellier n'est possible qu'à une condition : c'est chaque année de faire venir de la Savoie des vaches pleines, qui mettent bas deux mois après et qu'on livre à la boucherie aussitôt qu'elles ne donnent plus assez de lait pour payer leur nourriture. C'est là ce que fait l'honorable président de la Société d'agriculture de l'Hérault. Au moment de la réforme, il vend ces vaches à peu près ce qu'elles lui ont coûté. Il n'y a donc pas de perte de ce chef. Toute l'opération doit rouler sur l'entretien de ces bêtes comme machines à lait, sur la vente de leurs produits et sur la valeur du fumier qu'elles peuvent laisser.

Le compte d'une vache laitière, tel que l'établit M. Gaston Bazille, doit avoir sa place dans cet article ; il sera très-utile aux nourrisseurs, qui souvent opèrent sans savoir s'il gagnent ou s'ils perdent.

Voici la ration d'une vache à Saint-Sauveur :

Tourteau de copras......	3 kil.	500 gr.	50 c.	75 m.
Son....................	3	500	38	50
Regain	9		63	»
Service			21	»
Transport du lait à la ville.			10	»
Intérêt du capital vivant..			4	50
Total de la ration........			1,87	75

Chaque tête rend en moyenne 9 litres par jour. Or, si 9 litres coûtent 1,88, un litre seul rendu en ville revient à 21,92. C'est là sans doute un chiffre très-élevé ; mais il faut ne point perdre de vue que le fourrage coûte à Saint-Sauveur 6,84 les 100 kilos, qu'il se vend en ville, au moment de la récolte, de 7,50 à 8 fr., et que, en le comptant à 7 fr. à la vacherie, cette évaluation est très-faible.

Le prix moyen du litre vendu en gros est de 22 cent. 50. C'est donc une légère différence au plus d'un demi-centime par litre. La marge n'est point grande assurément ; mais il reste comme bénéfice net le fumier de la vacherie, avec lequel M. Gaston Bazille obtient de très-belles récoltes de vin. La culture de la vigne a donc pour pivot la production du lait. Ce sont les riches vendanges qui l'indemnisent du peu de profit que lui laisse l'entretien de la vache.

Une laitière abondamment nourrie et pourvue de 5 kilos de litière donne par vingt-quatre heures de 45 à 50 kil. de fumier. Ces chiffres résultent de nombreux pesages. En calculant le mètre cube à raison de 600 kil., chaque tête donne par mois trois mètres cubes et demi. Le mètre cube vaut en ville 3 fr. 50 ; c'est donc par mois, 12 fr. 25 d'un excellent engrais, qui convient à merveille aux terrains légers de Saint-Sauveur.

M. Bazille a constaté à différentes reprises qu'une vache boit 30 litres d'eau par jour. Ce n'est donc point exagérer que de dire qu'elle produit de 13 à 14 litres d'urine en vingt-quatre heures, soit environ 400 litres par mois. Or ce liquide, très-propre à la fumure, vaut au moins 75 cent. l'hectolitre ; dans le Nord, il se vend 1 fr. C'est donc encore 3 fr. qu'il faut ajouter aux 12 fr. 25 qui représentent les fumiers. Une vache rapporterait donc à ce compte 15 fr. 25 par mois, et par année 183 fr. de ce chef.

Exécutée dans ces termes et comme accessoire de la culture de la vigne, la production du lait est donc une bonne opération ; mais elle doit être mauvaise pour les petits vachers, qui achètent toutes leurs nourritures bien plus cher que les prix cotés par M. Bazille, et qui n'ont point, comme ce dernier, l'emploi de leurs fumiers. Lorsqu'ils les vendent à raison de 3 fr 50 c. le mètre cube, ils peuvent bien encore joindre les deux bouts ; mais, lorsqu'ils les abandonnent en échange du logement qu'ils habitent, ils doivent être en perte ; s'ils ne se ruinent point, c'est à force d'économie ; ils ne peuvent espérer de faire fortune.

Ces considérations et les chiffres que nous venons de poser serviront de boussole à une industrie assez importante dans la région. Ce qui le prouve, c'est la quantité considérable de vaches laitières qui figurent sur la promenade du Peyrou. Nous avons déjà fait connaître les principales races qui composent le Concours ; nous allons maintenant entrer dans quelques détails et citer les plus belles bêtes que nous avons cru remarquer. D'abord disons quelques mots de leur état en ce qui concerne la pureté des races. Il y a très-peu d'animaux de race pure : la plupart d'entre eux ne sont que des bâtards. Les tarentais, par exemple, les plus nombreux avec les schwitz, ne présentent point les caractères distinctifs de cette tribu. Un tarentais pur doit avoir le bout des cornes noir, le muffle noir, le cercle autour des yeux noir, l'anus et la vulve noirs, et le mâle, l'extrémité du scrotum noir. Examinez dans les diverses sections tous les types que l'on qualifie de tarentais, et vous verrez qu'un petit nombre seulement possède ces caractères.

Chez le schwitz, au contraire, toutes les parties que nous venons d'énumérer, au lieu d'être noires, doivent être jaune pâle. Eh bien ! passez en revue, comme nous l'avons fait nous-même, un schwitz après l'autre, et vous en trouverez beaucoup qui ont les caractères du tarentais.

Ces observations prouvent le peu de soin apporté à la reproduction. Presque partout dans les pays qui approvisionnent la région, l'accouplement est laissé au hasard. C'est une très-grande faute, car il faut, avant tout, conserver les races sans mélanges.

Il y a, en Savoie, deux races distinctes : la première, est celle dont la tarentaise est le type ; la seconde, celle que le catalogue qualifie de savoyarde. Lorsque cette seconde est pure, elle doit avoir les signes indiqués plus haut : rose pâle, le bout de la corne blanc et le pelage rouge froment ou rouge blanc. Le tarentais est, au contraire, couleur blaireau, variant du gris fauve au noir clair. La savoyarde a des analogues en Suisse et dans le Piémont. L'aoste, dont plusieurs sujets figurent au Concours, est de ce nombre. Il y a dans le canton de Berne et aux environs des types qui ressemblent aux aostes et aux savoyards. L'aoste est une race très-fine, qui rappelle nos bretons pies rouges et blancs, ainsi que les ayrshires ; la vache n° 121 en fournit la preuve. Cette bête pourrait être confondue avec la race écossaise.

En dehors du tarentais et du schwitz, les autres races ne figurent qu'en petit nombre. Citons l'aubrac, qui doit avoir tous les caractères du tarentais ; le bazadais, dont les marques doivent être jaune pâle; le garonnais, qui porte les mêmes signes; le breton, que tout le monde connaît : enfin le comtois, qui est un mélange de la femeline et de la bernoise. Après cette énumération, il n'y a plus que des métis, qui résultent d'accouplements étranges pour la plupart. Par exemple, des hollandais-schwitz, des schwitz-bretons, des ayr-schwitz-durhams, etc., etc.; ces croisements ne sauraient se justifier. Le hollandais ne peut pas améliorer le schwitz, tandis que le schwitz ne peut que dégrader le hollandais. Un mélange d'ayr, de schwitz et de durham est une monstruosité. Le schwitz, race la plus ancienne des trois, doit toujours dominer dans le produit. Or, si le schwitz ne vaut rien dans cette région, le durham lui convient moins encore. Reste l'ayr, qui n'aime pas davantage la chaleur. Le type composé de ces trois éléments ne pourra donc jamais rendre de vrais services.

Ces réserves faites, l'Exposition bovine est relativement belle ; elle serait médiocre, si on la comparait à celles des Concours du Nord. Mais il faut tenir compte des circonstances locales et savoir se contenter de ce que l'on possède.

Dans la première catégorie, quelques taureaux nous ont frappé. Ce sont : le breton de M. Causse, les tarentais de MM. Monttahuc, Bazille, de Marion-Gaja et Boch, l'aubrac de M. Rives. Parmi les femelles, nous mentionnerons les tarentaises de MM. Bazille, Sauvajol, Barbou, Richard, Montlahuc et Ribes, les bretonnes de M. Causse, les aubracs de M. Ribes, la savoisienne de M. Delsol.

Dans la catégorie des races étrangères, nous devons noter, parmi les mâles, les schwitz de M. Jambon et de M. Flotte, le hollandais de M. Anat. Nous ajouterons que le hollandais, moins encore que le schwitz, convient à la région. Parmi les femelles, signalons les schwitz de MM. Sauvajol, Jambon, Taillefer, Cassagne, Causse, Jauny, Bardou; l'aoste de M. Bazille et celui de M. Ranquet. Cette petite race est véritablement séduisante par ses formes élégantes, la finesse de sa peau, la petitesse de ses membres et sa jolie tête. Elle doit être bonne laitière.

Nous considérons les croisements comme une anomalie dans les Concours de reproducteurs. Il faudrait les effacer du programme. Mais, puisqu'ils y figurent encore, citons ceux qui nous ont le plus frappé : parmi les mâles, le hollandais croisé de M. Miquel, le tarentais-schwitz de MM. Bazille et Boch, le schwitz-breton de M. Bardou. Parmi les femelles, la schwitz-savoisienne de M. Bazille, l'aubrac-fribourgeoise de M. Rives, la bretonne-ayr de M. Causse, la tarentaise-schwitz de M. Boch, l'ayr-savoisienne de M. Bazille, la schwitz-tarentaise de M. Causse, la bretonne-aoste de M. Pétot.

En résumé, l'Exposition des vaches est de beaucoup supérieure à celle des taureaux. Cela se conçoit : la région ne peut pas être, ne doit pas être un pays d'élevage ; il lui faut des vaches adultes pleines que l'on doit mettre à la réforme aussitôt que le lait ne peut plus payer la nourriture. Dans cette situation, les mâles n'ont presque pas de raison d'être ; voilà qui explique pourquoi ils sont en petit nombre.

Faire des élèves dans la région, c'est vouloir se ruiner, comme le démontrent les chiffres de M. Gaston Bazille. Si le lait coûte 22 cent. le litre, et qu'on le fasse absorber par des veaux de boucherie, c'est à peine s'il rendra de 7 à 8 cent. La perte sera donc de plus de moitié. Il serait beaucoup plus économique de donner aux porcs les veaux le jour de leur naissance, comme on le fait ailleurs, mais il est plus simple encore de s'abstenir et de n'acheter que des vaches pleines.

III. — ESPÈCE OVINE

Déshéritée de races bovines, la région possède, au contraire, différences races appartenant à l'espèce ovine. A côté des anciennes souches qui, de temps immémorial, peuplent les bergeries, il faut placer le mérinos, qui gagne chaque année du terrain. La barbarine est surtout répandue dans les pays de plaine et sur les bords de la mer. La montagne Noire possède une race qui nous semble très-recommandable. Le Larzac dans l'Aveyron, le Lauraguais dans la Haute-Garonne, le Caussinard dans la Lozère, émergent vers la région ; enfin les races algériennes commencent également à s'y montrer.

Tel est à peu près l'effectif qui forme le catalogue de l'espèce ovine. Ce genre de cheptel, plus facile à nourrir que les bêtes à cornes, est assez répandu dans les départements méridionaux ; comme la vigne et les cultures arbustives réclament beaucoup d'engrais, on est bien forcé de tenir des troupeaux pour s'en procurer.

L'élève et l'engraissement de l'espèce ovine peuvent se faire dans de meilleures conditions que l'élève et l'engraissement de l'espèce bovine. Nous avons démontré, avec M. Gaston Bazille, qu'à treize mois un jeune bovin, né à Saint-Sauveur, coûtait 460 fr.

et ne valait, pour la boucherie, que 225 fr. Eh bien! des circonstances aussi défavorables ne se rencontrent point en ce qui concerne l'espèce ovine. Dans toutes les parties montagneuses de la région, on entretient un grand nombre de brebis qui donnent des agneaux. Le climat permet de livrer à la consommation un certain nombre de ces jeunes produits; les autres sont élevés et deviennent plus tard des brebis portières et des moutons de rente. L'avantage que présente l'espèce ovine, c'est qu'elle peut se nourrir sur des terres où l'espèce bovine mourrait de faim; qu'ainsi elle utilise des herbes dont on ne retirerait aucun parti.

C'est dans les environs d'Arles que l'industrie du mouton s'exerce sur la plus vaste échelle. Cette commune, qui possède à elle seule la vaste plaine de la Crau et les deux tiers de la Camargue, a un territoire d'une superficie égale à l'arrondissement de Marseille. La Crau, avec ses galets, qui recouvrent une herbe très-fine et très-nourrissante; la Camargue, avec ses terrains salés, conviennent admirablement à l'élève du mouton. La race que l'on y multiplie est le petit mérinos d'Espagne, très-sobre, très-rustique, très-bon marcheur, qui se prête fort bien à la transhumance. Ce mérinos, encore qu'il vive constamment à l'air, donne une toison très-fine, que le jury de Billancourt sut apprécier l'année dernière. Ajoutons que sa chair est délicate et n'a point ce goût de suint que lui communique la toison tassée. En ouvrant cette toison, les éleveurs d'Arles ont beaucoup amélioré la viande.

D'après les renseignements qui me sont fournis par un des exposants, M. Gaspard Trouche, le territoire d'Arles, en 1863, comptait 500,000 têtes de l'espèce ovine. Les brebis formaient à peu près les deux tiers de cet effectif. Chaque année les brebis produisaient environ 150,000 agneaux, dont 40,000, à deux mois, étaient livrés à la boucherie. On évaluait alors chaque tête adulte, en moyenne, de 20 à 22 fr.

Depuis 1863, la sécheresse et les inondations ont causé aux *bayles* d'Arles des pertes considérables. L'ensemble des *bayles* aurait perdu 150,000 têtes, si bien que l'effectif des existences serait tombé aujourd'hui à 350,000. La sécheresse qui règne dans le Midi depuis dix-huit mois a porté une très-grave atteinte à la fortune des éleveurs arlésiens. Cette année encore, pour sauver les mères et les empêcher de mourir de faim, ils ont dû faire périr une partie des agneaux au moment de leur naissance.

Les canaux d'irrigation et de desséchement seraient un sûr moyen de prévenir ces dures nécessités et d'empêcher la ruine d'une industrie lucrative. Si, comme il en est question, on détournait les eaux de la Durance et qu'on les conduisît dans la plaine de la Crau, on pourrait alors, après colmatage, la couvrir de prairies. Il serait également possible de dériver du Rhône un canal et de le conduire en Camargue, pour y lessiver le sol et le débarrasser du sel, qui paralyse la végétation. Le dessalement une fois opéré, on créerait des prairies dans toute la Camargue, et l'on pourrait y entretenir de nombreux troupeaux sans avoir la sécheresse à redouter. Quant aux canaux de desséchement, ils compléteraient ceux d'arrosage et seraient de puissants auxiliaires contre le fléau des inondations.

Jusque dans ces dernières années, les *bayles* d'Arles obtenaient d'assez bons résultats. On calculait qu'une tête de mouton rapportait au propriétaire un bénéfice net de 4 à 5 fr.; les brebis et leurs agneaux, de 6 à 7 fr.; la moyenne, tous frais de garde et nourriture payés, était supérieure à 5 fr. par bête. En prenant pour base de nos évaluations les chiffres de M. Trouche, le capital employé aurait été de 10 millions pour 500,000 têtes à 20 fr. l'une, et le revenu, de 2 millions 500,000 fr., à raison de 5 fr. par mouton, soit 25 p. 100 de la somme engagée. Voilà certes une industrie lucrative, malgré les circonstances peu favorables de climat dont elle est entourée; mais la transhumance est pour elle une condition essentielle.

Dans l'Hérault, les arrondissements de Lodève et de Saint-Pons se prêtent à l'élève du mouton. Les bénéfices des troupeaux bien dirigés doivent se rapprocher beaucoup de ceux que donnaient jadis les *bayles* de la Crau et de la Camargue. Dans les arrondissements de Béziers et de Montpellier, où la terre est fort chère et où la vigne domine, les conditions changent: ici l'élève serait onéreux. Les troupeaux se composent de moutons, à qui l'on demande surtout de l'engrais. L'heureux lauréat de la prime d'honneur, M. Gaston Bazille, chaque année, pendant cinq mois, entretient à Saint-Sauveur un troupeau de 160 bêtes, auxquelles il fait consommer ses mauvais fourrages, ainsi que les résidus de sa distillerie de marcs. Les moutons font quatre repas par jour : deux de marc distillé, deux de fourrage. Chaque bête absorbe par jour 5 kilos de résidus et un peu plus d'un demi-kilo de foin; elle boit, en outre, environ 3 litres de vinasse chaude. Le fourrage avarié vaut, les 100 kilos, de 4 à 5 fr., et le marc, de 30 à 40 c. La ration représente 5 c. 45 mill. et la dépense, pour toute la durée de l'engraissement, 7 fr. 65. Cette dépense est à peu près couverte par la différence entre le prix d'achat et le prix de vente. M. Bazille affirme qu'en fin de compte il reste toujours le fumier pour bénéfice. Ces résultats ne doivent point nous étonner. La loi commune, aussi bien dans le Nord que dans le Midi, est que l'engraisseur doit être satisfait lorsque ses pensionnaires lui payent toute sa nourriture, ainsi que le service. Espérer davantage est une illusion que l'expérience se charge de détruire.

Le programme du Concours divise l'espèce ovine en cinq catégories. La première comprend les mérinos et leurs dérivés. Autrefois cette race avait surtout pour objet la production de la laine fine ; et, comme à cette époque les fabricants donnaient la préférence aux toisons tassées, la chair s'en ressentait : elle avait un goût de suint fort désagréable.

Depuis que la consommation de la viande s'est accrue, il a bien fallu demander un appoint au mérinos. Pour lui enlever le mauvais goût qui caractérisait cette chair, on a ouvert la toison en allongeant la mèche. Ainsi constituée, la toison laisse évaporer le suint, qui ne rentre plus dans la peau et n'atteint plus la viande. C'est par ce procédé qu'on a rendu le mérinos plus apte à l'alimentation de l'homme.

Sous les tentes du Peyrou, on distingue encore des béliers et des brebis à la toison tassée ; le plus grand nombre porte la mèche longue. Nous signalerons, dans cette dernière catégorie, les élèves de M. Gaspard Trouche, qui possède de nombreux troupeaux dans les environs d'Arles. Aujourd'hui que les laines à peigne sont fort demandées par nos fabricants et que la boucherie éprouve souvent des difficultés à s'approvisionner, les mérinos à toison ouverte doivent être préférés par le jury. Après les brebis et les béliers de M. Trouche, nous plaçons ceux de M. Gautier, dont le lainage est plus tassé.

Viennent ensuite les élèves de MM. Templier, Audouard et La Terrasse. Nous exprimons nos préférences bien marquées pour les béliers sans cornes, bas de jambes, ayant de petits os et un corps cylindrique. Sous le rapport de la conformation, les concurrents laissent beaucoup à désirer. Mais n'oublions pas que dans la région le mérinos a une vie nomade et qu'il lui faut alors d'autres formes que celles qui sont propres aux races soumises à la stabulation permanente.

La barbarine, qui compose la seconde catégorie, n'est que faiblement représentée. D'ailleurs les sujets dont elle se compose ne sont pas tous de race pure. La barbarine a des caractères qu'il est facile de distinguer : sa tête est lourde et busquée, elle est parsemée de taches roussâtres ; le cou est long, la queue épaisse et large ; les jambes sont hautes, pas trop épaisses, et portent les mêmes marques que la figure ; enfin le museau doit être large et non effilé, avec des plis latéraux. En retenant bien ces signes distinctifs, il est facile de se convaincre que la plupart des concurrents

2

ne sont pas purs. Parmi les béliers entachés de bâtardise, je citerai les numéros 180, 183 et 104, et, parmi les femelles, le seul lot présenté, le numéro 185. Il est regrettable que les éleveurs n'apportent pas plus d'intelligence dans les accouplements.

La barbarine est une excellente race, très-féconde, et qui fournit de beaux agneaux de boucherie. Les femelles donnent deux portées par an. Elles s'engraissent à peu de frais. Leur toison est assez commune, mais elle trouve facilement à se vendre.

La troisième catégorie est réservée au southdown. Cette race, originaire des dunes du sud de l'Angleterre, aime les climats humides ; il lui faut de bons pâturages et une température plutôt froide que chaude. Comment, après cela, a-t-on songé à l'introduire dans la région ? L'expérience a bientôt démontré qu'elle ne lui convenait point. Nous tenons de l'abbé Fisseaux et de M. Sabatier d'Espeyran, tous deux décédés, que le southdown ne peut prospérer sous le ciel brûlant du Midi ; que la chaleur lui est nuisible, et que, si l'on ne veut point le voir périr, il faut, en été, le faire transhumer. Franchement, est-ce bien là une race adaptée à nos besoins, et ne serait-il pas rationnel de la rayer du programme? Le petit nombre de têtes qui figurent sous les tentes est dans un piteux état. Ce n'est plus là ce fier animal, qui, de l'autre côté du détroit, a l'œil si vif, les mouvements si brusques, les formes si séduisantes. Pauvre southdown, combien tu te ressembles peu à toi-même lorsqu'on te retrouve sur les bords de la Méditerranée !

La quatrième catégorie embrasse les moutons à *laine commune*. Voilà une expression bien vague et qui, sauf le mérinos, peut s'appliquer à toutes les races du pays. C'est pourquoi cette catégorie compte un peu de toutes les herbes de la Saint-Jean. Il y a des barbarins plus ou moins purs, des types appartenant aux anciennes races des montagnes du Causse, du Queyras, des algériens, des larzac, des lauragais, des montagne Noire. Ce dernier type est assez joli : il a le torse cylindrique, le corps ramassé, les jambes basses et minces ; on pourrait tirer de là une très-belle race, qui conviendrait parfaitement à la région. Dans cette catégorie, les sujets les plus recommandables appartiennent à MM. Rives, Trouche, Dumas, Templier et Audouard.

La cinquième et dernière catégorie compte les croisements divers. Comme nous l'avons déjà exprimé à l'égard de l'espèce bovine, les croisements ne devraient jamais figurer dans les Concours de reproducteurs. Les métis peuvent être très-bons animaux de service et de boucherie, mais ils ne doivent point eux-mêmes faire souche. Lorsqu'on accouple deux métis, on n'est jamais sûr d'avance de ce qu'on obtiendra : tantôt vous aurez un produit qui

ressemblera à la mère, tantôt au père ; en deux mots, si le croisement n'est pas continué, on finira toujours par revenir au type
personnifié par la race la plus ancienne et du pays.

Est-ce dès lors bien sage de perdre son temps et son argent pour
obtenir un aussi mince résultat ? Il vaut mieux, mille fois mieux,
améliorer les races par elles-mêmes, que de courir après des croisements qui n'aboutissent qu'à une déception. Donc, tant que la
catégorie des *croisements divers* existera dans le programme des
Concours régionaux, nous en demanderons la suppression. *Delenda
Carthago!*

Les métis les mieux réussis appartiennent à MM. Sabatier, de
Marion, Audouard, Trouche, Chambert et Lamouroux. C'est seulement pour acquit de conscience que nous les mentionnons ici.

Resterait à nous occuper de l'espèce porcine et des animaux de
basse-cour ; mais cette partie de l'Exposition est si faible, que nous
n'osons l'aborder. Relativement à l'espèce porcine, le catalogue ne
comprend qu'une seule catégorie, celle des *races diverses* pures
ou croisées. Est-ce que, par hasard, la région n'aurait pas de
porcs qui lui fussent particuliers? Dès lors pourquoi ne point leur
consacrer une catégorie? La région serait donc déshéritée à ce
point qu'il n'y existerait pas une seule race des trois grandes
espèces domestiques? Nous aimons mieux croire que le programme
est mal fait et qu'il faut le réformer.

Quant aux animaux de basse-cour, nous sommes persuadé que
les ménagères n'ont pas voulu répondre à l'appel du gouvernement.
Nous ne pouvons nous expliquer autrement la faiblesse de cette
partie du Concours. Le Méridional, qu'on nous permette ces ré-
flexions en finissant, le Méridional est très-susceptible, et par con-
séquent peu disposé à s'exposer à la critique ; or ne serait-ce point
s'exposer à la critique que de concourir lorsqu'on n'est pas sûr
d'avance d'obtenir des couronnes? Cette crainte exagérée retient
bien des praticiens et les empêche de descendre dans la lice.

Des dispositions d'esprit aussi fâcheuses sont regrettables,
pleines de dangers pour le progrès, contraires au développement de
la richesse générale. Ne pensez-vous pas qu'il serait temps d'inau-
gurer un ordre d'idées plus larges, devant lesquelles s'effaceraient
les questions d'amour-propre, pour ne considérer que l'intérêt général et le bien-être de tous? En entrant dans cette voie, et peut-être
aussi en adoucissant un peu les formalités administratives, qui
éloignent les timides, on régénérerait votre Concours régional et
on lui donnerait une importance qu'il est loin d'avoir aujourd'hui.

IV. — ESPÈCE CHEVALINE

Dès l'origine, les chevaux furent admis dans les Concours régionaux. On les en exclut vers 1854, par cette seule raison que le service des haras, distrait du Ministère de l'agriculture, fut transporté au Ministère de la Maison de l'Empereur. Les haras se trouvent aujourd'hui sous la direction du Grand Écuyer.

On ne comprend pas les motifs de cette exclusion, car la production chevaline est agricole au même titre que la production des autres espèces domestiques. Elle mérite donc d'être encouragée ; elle le mérite d'autant mieux, que cette industrie est fort peu lucrative.

On dit, pour justifier l'administration des haras, que cette branche de service a son budget particulier, et que, dès lors, il ne faudrait-pas mettre les frais de concours à la charge de l'agriculture, dont les ressources sont déjà trop minces ; mais alors il faudrait que la nouvelle administration des haras exécutât plus scrupuleusement les promesses qu'elle avait faites dès le début. Elle avait dit que l'industrie chevaline aurait, elle aussi, ses Concours régionaux chaque année, qui permettraient au public de suivre les progrès accomplis. Mais promettre et tenir sont choses différentes. Bien qu'ils soient richement dotés, les haras, nous assure-t-on, ne pourraient pourvoir aux dépenses les plus utiles. Voilà pourquoi les Concours solennellement promis n'ont pu être réalisés.

Dans cette situation, les conseils généraux et les municipalités des grandes villes ont cru devoir prendre l'initiative. Une administration qui n'ose pas se montrer en public ne nous inspire pas une grande confiance. Il est vrai qu'elle donne des médailles et des prix aux Expositions qu'organisent les départements, les communes et les associations particulières ; mais des subventions, la plupart du temps insignifiantes, peuvent-elles bien justifier l'emploi d'un budget considérable ? Nous ne regrettons point les sommes que le Corps législatif vote chaque année pour encourager la production chevaline. L'Etat ne doit jamais rester en arrière, surtout lorsqu'il s'agit de la défense nationale. Seulement on se demande pourquoi, au moindre bruit de guerre, nous en sommes réduits à compléter notre remonte à l'étranger. Si les haras ne peuvent mettre la production chevaline à la hauteur de nos besoins, il faut les supprimer et donner leur budget à l'industrie particulière. Avec cette riche subvention, nos éleveurs fourniront à l'armée tous les chevaux nécessaires pour remplir les cadres. Notre défense nationale ne se trouvera plus ainsi livrée au hasard d'achats qui sont souvent difficiles et toujours onéreux pour le Trésor.

En nous plaçant à ce point de vue, nous devons savoir gré à l'administration municipale de Montpellier d'avoir annexé au Concours régional une exposition chevaline. Le pays, il est vrai, élève fort peu ; mais il est toujours bon de faire connaître ce qui s'y passe, afin qu'on puisse abandonner les nouveautés si elles sont dangereuses, ou bien qu'on s'empresse de les imiter si elles offrent des avantages.

Nous avons déjà montré par des chiffres que l'élève de l'espèce bovine n'était point possible dans la région. D'un autre côté, nous avons établi que dans la partie montagneuse on pouvait avec profit se livrer à l'éducation de l'espèce ovine. Puisque l'exposition chevaline nous fournit l'occasion de nous occuper de cette branche tout aussi importante, nous allons examiner si les circonstances lui sont favorables ou nuisibles.

Disons d'abord que la région est très-pauvre en races de chevaux. C'est déjà une présomption que ce genre d'industrie ne lui est point naturel. A raison du climat, le cheval léger est celui qui semble devoir lui convenir ; les grosses races appartiennent aux climats humides, aux pays qui abondent en riches pâturages. Aussi toutes les bêtes de somme et de trait qui peuplent la région viennent-elles du dehors. L'élevage du cheval n'est qu'un accident.

Deux races se rencontrent dans la partie de la région située sur la rive droite du Rhône. L'une occupe les Pyrénées-Orientales, l'autre le delta du Rhône. Sur le versant nord des Pyrénées-Orientales, on élève une race qui paraît provenir de l'arabe greffé sur une souche indigène. C'est le fait de toute l'espèce chevaline échelonnée le long de la frontière d'Espagne et le long de notre mer intérieure.

La race des Pyrénées-Orientales vit à l'état demi-sauvage. L'été elle transhume dans la montagne et revient prendre ses quartiers d'hiver dans les vallées ; sa conformation, aussi bien que le tempérament des individus, laisse beaucoup à désirer : leur caractère n'est point sans reproche ; la tête est longue et forte, vers les parties supérieures elle est très-sèche, le tempérament beaucoup trop nerveux, le caractère trop entier. Les défauts de conformation proviennent du peu de soin que l'on apporte à la reproduction, laquelle est presque toujours le fait du hasard. L'irritabilité doit avoir pour cause l'influence du climat et le sang arabe qui se mêla jadis aux anciennes races du pays. Le caractère insoumis doit être attribué à l'éducation. Jusqu'à quatre ou cinq ans, ces animaux vivent à demi sauvages.

Dans la Cerdagne et vers les sources de l'Ariége, on distingue un autre type plus fort de taille, plus gros de coffre, et dont la tête est busquée. Ces chevaux fournissaient jadis à la remonte de la gendarmerie. Depuis on a voulu les croiser avec le pur sang et l'anglo-normand. De ces croisements on n'a obtenu que des produits décousus, trop montés sur jambes, et dont le corps est aplati. Au lieu d'améliorer on n'a donc fait que détruire.

La race camargue s'est beaucoup mieux conservée que celles dont nous venons de parler; plus heureuse que les autres, elle a pu échapper aux Vandales, les grands prêtres du croisement, les destructeurs de tous nos anciens types, dont nos pères étaient si fiers. Comme le cheval des Pyrénées, le camargue est petit; il a la robe blanche ou grise, la tête longue, forte et carrée, la croupe saillante, les hanches osseuses, les membres secs et la corne de bonne nature. Bien qu'il reste dans les marais jusqu'à l'âge de trois ou quatre ans, son pied s'accommode d'un terrain sec et n'est pas trop sujet à l'encastelure. C'est un animal très-sobre, très-vigoureux, et qui, eu égard à sa taille, fait un bon service.

Abandonné à lui-même durant son jeune âge, il faut beaucoup de patience pour le dresser. Quelque bien élevé qu'il paraisse, il conserve toujours ses instincts sauvages. C'est là ce qui explique pourquoi il se montre parfois insoumis; pour le ramener, il faut à son égard une extrème douceur.

Il est fâcheux que les Bouches-du-Rhône et les Pyrénées-Orientales n'aient rien envoyé à l'Exposition chevaline. Par le fait, cette manifestation se trouve réduite à quelques éleveurs des environs de Montpellier. Elle ne compte que vingt numéros, dont onze sont présentés par une seule personne, M. Castelnau, de Saint-Michel, sur la lisière du Gard.

Le domaine de Saint-Michel se compose de terrains de dépôt et d'anciens marais assainis. Ses prairies sont bonnes; mais, n'étant point irriguées, elles ne donnent qu'une faible coupe. Le fourrage doit y revenir au moins à 7 fr. les 100 kilos, évaluation bien faible pour la région.

Les élèves de M. Castelnau ont pour souches des juments ardenaises et normandes, auxquelles on a donné des étalons pur sang, des anglo-normands et des anglo-arabes. A la première génération, les produits manquaient encore d'élégance; mais on a rectifié les lignes en ramenant les mêmes étalons sur les femelles métises. Ce système, appliqué déjà depuis plusieurs générations, a fini par trop affiner les élèves de M. Castelnau. On peut s'en assurer par la simple inspection des produits. Prenons le numéro 2, âgé de quatre ans. Ce poulain a pour mère le numéro 1, jument anglo-normande, qui, eu égard à son coffre, a déjà les jambes trop fines. Eh bien! ce défaut s'accentue davantage chez le numéro 2, qui a pour père un pur sang. Le numéro 2 est trop monté sur jambes.; son corps manque d'ampleur. Il a la tête plus forte que la mère, ce qui est fort disgracieux. Lorsqu'on l'examine dans son ensemble, il manque d'harmonie. A vrai dire, c'est un cheval décousu, un produit mal réussi; on le dit vigoureux, mais il est probable qu'il s'usera très-vite.

M. Castelnau, à qui nous avons fait de vive voix toutes ces observations, pense que le numéro 2 se développera encore, et qu'à six ans il acquerra une bonne conformation et deviendra un cheval très-présentable. Nous voulons bien croire l'honorable éleveur sur parole, mais nous ne partageons point ses illusions.

Au numéro 2, nous préférons de beaucoup le numéro 3, qui forme attelage avec le numéro 4. La jument numéro 3 est un des produits les mieux réussis qu'ait exposés l'élevage de Saint-Michel; elle sort d'une jument normande et d'un père anglo-arabe. Son corps est bien ramassé; ses jambes offrent de bonnes proportions; elles ne sont ni trop grêles, ni trop longues. La bête est âgée de quatre ans; sa partenaire n'en a que trois, mais elle est du même père et de la même mère.

Le jury a donné la préférence au numéro 4, par la raison qu'il est plus élégant et a de plus vives allures que le numéro 3. Telle n'est point, quant à nous, notre opinion : le numéro 3 nous semble beaucoup mieux conformé que le numéro 4. Cette dernière manque d'ampleur dans les formes et a les jambes un peu trop hautes. Ses jambes ne valent certainement point celles du numéro 3 ; les canons de devant surtout nous paraissent beaucoup trop minces.

Le fait qui se produit à propos de deux bêtes qui ont une commune origine devrait être un grand enseignement pour M. Castelnau. Ces deux bêtes, construites avec les mêmes éléments, devraient être en tout semblables. Il n'en est rien pourtant. Tandis que le numéro 3 tire davantage du côté de la mère, le numéro 4 se rapproche plus du père. Pourquoi cette anomalie? C'est parce que M. Castelnau opère sur des croisements, et qu'avec de tels reproducteurs on ne sait jamais d'avance ce que l'on obtiendra : tout est hasard, surprise, étonnement dans les résultats qui se manifestent lorsqu'on accouple des métis.

En veut-on une preuve plus éclatante encore? Prenons le numéro 10. Cette pouliche a un an; elle a pour mère une jument ordinaire et pour père un anglo-normand. Eh bien! le numéro 10 ne ressemble ni à un ardenais, ni à un anglo-normand. On le prendrait pour une petite mule ambleuse du Poitou. Que prouve cette anomalie? C'est que la mère a des ascendants dont il est aujourd'hui difficile de caractériser la race. Voilà à quoi on s'expose lorsqu'on n'opère point avec des races pures.

M. Castelnau, en donnant à ses pouliches des étalons qui sont aussi fins, sinon plus fins qu'elles-mêmes, travaille à détruire les membres de ses élèves. Nous avons déjà dit que leur défaut capital est la finesse des canons; ajoutons que les muscles de la cuisse s'amoindrissent à chaque nouvelle génération, et que, s'il n'y prend garde, il n'aura bientôt plus que des sujets sans jambes et sans corps, semblables à des chevaux d'hippodrome.

Pour sortir de cette situation, que faudrait-il? Trouver des juments mieux membrées et leur donner des étalons ayant eux-mêmes de bons membres. Mais, après tous les abus qu'on a faits du pur sang et de l'arabe, où découvrir ces reproducteurs modèles qui peuvent seuls régénérer l'espèce chevaline et l'empêcher de faire naufrage? Le problème, dans l'état des esprits, nous paraît insoluble. Après la conversation que nous avons eue avec un éleveur de purs sang, M. d'Espous de Paul, le propriétaire du numéro 12, nous éprouvons une grande tristesse. M. d'Espous prétend qu'avec le héros des courses on peut améliorer nos grosses races. Est-ce croyable? La raison nous dit que, pour obtenir des produits bien établis, il faut que le père et la mère aient une conformation à peu près semblable. Si la mère a un gros coffre, le père doit avoir un gros coffre; si la mère a de fortes jambes, il faut que le père ait de fortes jambes. En un mot, si l'on veut que la résultante soit homogène entre les éléments qu'il s'agit d'unir, il faut qu'il y ait similitude. Le succès est à ce prix seulement.

Eh bien! qu'a-t-on à espérer d'une ficelle que l'on accouple avec une grosse jument? Un produit décousu, sans harmonie, dont l'aspect choque l'œil, qui peut, jusqu'à un certain point, vous en imposer par ses trompeuses allures, mais dont les forces se trahissent à la moindre fatigue. Avec les télégraphes électriques et les chemins de fer, où donc est l'utilité d'un cheval qui fait une lieue en quatre minutes, et qu'il faut, le but une fois atteint, envelopper de couvertures?

Les courses, telles que nous les comprenons, supposent chez le coureur un état d'excitation violente qui, loin de développer les forces, les épuise. Elles épuisent, parce que l'entraînement a lieu de trop bonne heure. Le vainqueur d'hippodrome, outre qu'il n'a ni corps ni membres, doit encore communiquer à ses produits une surexcitation nerveuse qui ne convient pas aux chevaux de service, rend leur emploi plus difficile et réduit beaucoup leur durée. Si c'est avec un tel élément qu'on espère améliorer nos races, on se trompe lourdement.

Ce n'est donc pas des purs sang dont nous proposons l'emploi à M. Castelnau pour améliorer son élevage : nous lui conseillons de prendre des reproducteurs plus près de terre et mieux membrés.- A cette condition seulement il pourra faire des chevaux sérieux, et qui rempliront bien leur destination. En attendant, nous croyons devoir établir le prix de revient des élèves de Saint-Michel, à la fin de la quatrième année. Il faut que l'honorable éleveur puisse bien se rendre compte, et qu'il sache si cette industrie est onéreuse ou lucrative.

Les éléments de ce compte nous sont fournis par des hommes experts. Les chiffres nous paraissent d'ailleurs si faibles, que nous les croyons plutôt au-dessous qu'au-dessus de la vérité.

De quatre mois, époque du sevrage, à un an, le poulain doit dépenser 58 cent. par jour, qui se composent de la manière suivante : l'avoine est comptée à raison de 22 fr. les 100 kil.; le foin produit sur place à raison de 7 fr.; la paille est achetée pour 6 fr. La ration quotidienne, durant cette première période, est de :

Avoine, 500 gr...........	11 cent.
Foin, 2 kil.............	14 —
Paille, 3 kil............	18 —
Service et vétérinaire...	15 —.
Total égal......./	58 cent.

Seconde période, de un à deux ans :

Avoine, 1 kil..........	22 cent.
Foin, 3 kil.............	21 —
Paille, 4 kil...........	24 —
Service et vétérinaire...	15 —
Total de la ration.	82 cent.

Troisième période, de deux à trois ans :

Avoine, 1 kil. 500 gr....	33 —
Foin, 3 kil.............	21 —
Paille, 5 kil...........	30 —
Service et vétérinaire ...	20 —
Total............	1 fr. 04 cent.

Quatrième période, de trois à quatre ans :

Avoine, 3 kil.	66	cent.
Foin, 5 kil.	35	—
Paille, 5 kil.	30	—
Service et vétérinaire...	20	—
Total	1 fr. 51 cent.	

Si maintenant nous réunissons la ration de chacune des quatre périodes et que nous additionnions, pour en prendre la moyenne, nous obtenons 99 centimes, soit 1 franc de dépense par jour pour conduire le cheval à la fin de sa quatrième année. La dépense totale serait, en définitive, de 1,460 fr., ce qui est un assez joli denier.

Combien les élèves de M. Castelnau valent-ils à quatre ans ? Quel est le prix auquel il les vend ? Cette industrie lui donne-t-elle des bénéfices, et dans quelle limite ? Si, au contraire, il éprouve des pertes, à combien s'élèvent-elles ? M. Castelnau seul peut répondre exactement à ces questions ; en attendant, nous ne pouvons que féliciter cet honorable éleveur de l'initiative qu'il a prise et du noble emploi qu'il fait de sa fortune.

V. — L'OUTILLAGE DE LA VIGNE

L'étude du matériel agricole indique assez exactement l'état des cultures. Mais ce serait une erreur de croire qu'un outillage simple suppose toujours une culture peu avancée. Les engins dont on se sert dans la région pour exploiter la vigne datent déjà de plusieurs siècles, et cependant il serait difficile de perfectionner des méthodes de travail consacrées par une longue expérience. Celles qui sont en usage dans l'Hérault surtout ne laissent rien à désirer.

Pour bien faire comprendre combien, avec des moyens simples en apparence, on peut obtenir de grands résultats, nous allons décrire l'outillage affecté à la culture de la vigne dans les environs de Montpellier, tel qu'il résulte des collections exposées sur la magnifique promenade du Peyrou. Nous ferons observer que, d'habitude, les Concours régionaux renferment toute espèce d'instruments et de machines, et que rarement il y figure les engins qui garnissent toutes les fermes et servent à les exploiter.

La seule collection de ce genre qui existe est celle de M. le docteur Golfin ; elle présente à la fois les outils pour la culture à la main et les outils pour la culture à la charrue. En l'examinant avec soin, on éprouve un vif intérêt. On conçoit tout de suite les méthodes de travail, et l'on se fait d'avance l'idée des résultats auxquels on peut arriver.

Le travail à la main est, sans contre dit, le plus ancien ; il a dû précéder le travail à la charrue, qui suppose un état plus avancé. La mécanique agricole se perfectionne seulement lorsque la population s'accroît et que de nouveaux besoins exigent une production plus considérable. Cependant tous les viticulteurs de l'Hérault ne considèrent point l'emploi de la charrue comme un progrès. Quelques-uns prétendent que les façons données par cet outil coûtent plus cher que celles qu'il sont faites à la main. C'est là une question controversée, et qu'il est facile de résoudre en tenant compte des circonstances où le viticulteur se trouve placé. Nous y reviendrons après avoir passé en revue les deux sortes d'outillage.

M. Golfin dispose ses instruments d'après l'ordre des façons. Viennent d'abord ceux à la main ; puis ceux qui sont mus par des attelages. En premier lieu, il place les engins qui servent à préparer le sol pour les plantations. C'est avec la charrue Dombasle qu'on opère. Cette charrue, qui défonce, doit être suivie de la charrue Bonnet, qui pénètre profondément dans la couche végétale et l'ameublit, afin que la jeune vigne puisse y étendre plus facilement ses racines. On peut aussi remplacer cette dernière par la charrue sous-sol anglaise, qui donne les mêmes résultats. Les plantations se font après qu'on a rayonné la surface. Au point indiqué pour recevoir le sarment, on creuse un trou de 25 centimètres ; on met au fond de ce trou un peu d'humus, et l'on recouvre en tassant le sol. Les souches peuvent être disposées en carré, en diagonale ou en quinconces.

Pendant les premières années, on prétend que les façons à la charrue sont préférables aux façons à la main. Mais, à partir de la quatrième feuille, il faut en venir aux instruments à la main. Voici de quoi se compose la collection de M. Golfin pour cette première série :

Suivant la consistance du terrain, on se sert d'une pioche à deux ou à trois dents. Cette pioche pénètre très-facilement la couche végétale et la retourne tout à fait. Celle à deux dents s'appelle *bigot*, celle à trois dents, *arpe*. Ainsi remuée, la terre est plus accessible à la rosée qu'elle absorbe au profit de la plante ; elle s'assimile plus facilement les eaux de pluie et les empêche de couler à la surface. Mais il est important de noter que la première façon, la plus essentielle de toutes, ne doit pas être trop profonde, car elle détruirait les radicelles de la vigne, et, dès lors, nuirait à la production du fruit.

Les secondes façons se pratiquent au moyen de houes de différentes formes. Dans les terrains pierreux, on se sert de la *trinque* pointue ; dans les terres légères, de la *sape*, et dans les sols d'alluvion, du *rabassier*. Les secondes et même les troisièmes façons n'attaquent que la superficie ; elles consistent à râtisser le sol pour le débarrasser des herbes parasites.

Les outils mus par des attelages sont des charrues vigneronnes. Celle que les praticiens paraissent préférer est le *fourcat*, qui doit remonter à la période romaine. Cet outil est tel que nous l'ont transmis les conquérants de l'ancien monde : il se compose d'un soc ou *reille* très-pointu, qui déchire le sol sans le retourner. La *reille* est fixée à l'aage ou *cambette* au moyen d'une *tendille* ou lien de fer. Deux coins de bois servent à régler l'entrure. Les versoirs s'offrent à l'état rudimentaire. Ce sont deux copeaux de bois fort peu écartés de la *reille*. Le mancheron ou *estève* est de bois ; le brancard auquel on attelle la mule est aussi de bois. Cet engin très-primitif coûte 20 fr. Lorsqu'il se dérange, ce qui est fort rare, tout le monde peut le réparer. Sa durée est indéfinie.

Le *fourcat* donne la première façon ; on fait ainsi environ 35 ares dans une journée de travail. La terre n'est que grattée. Mais, il ne faut pas l'oublier, la vigne n'aime que la culture superficielle.

Les secondes façons se donnent avec un *fourcat*, auquel on adapte une *râclette*. C'est une lame triangulaire qui attaque les herbes et râtisse légèrement le sol.

Les labours et les râtissages sont faits en croisant dans tous les sens de la plantation. Il ne reste ainsi entre les souches que fort peu de terre qui ne soit point remuée. Ce supplément de façon est réservé aux femmes.

Telles sont les deux méthodes de culture en usage dans l'Hérault ; tels sont les outils au moyen desquels on travaille la vigne. Reste à nous demander quelle est celle de ces deux méthodes qui coûte le moins cher. Est-ce le travail à la main, est-ce le travail à la charrue ?

Les avis sont partagés. Les uns se prononcent pour la culture à la main, et prétendent qu'elle est à la fois plus économique et plus productive ; les autres soutiennent que la culture à la charrue est plus facile, moins dispendieuse. Où est la vérité au milieu de ce débat ? Les deux opinions peuvent également se défendre, suivant les circonstances au milieu desquelles on se trouve placé. Le viticulteur dont les attelages sont uniquement consacrés à façonner ses vignes doit préférer le travail à la main. Au contraire, celui qui peut employer utilement ses attelages toute l'année réalisera une économie par les labours.

Ce qui augmente beaucoup le prix de la main-d'œuvre, c'est le chômage. La vigne n'emploie les mules que pendant une partie de l'année. Or, si durant l'autre partie il faut les laisser oisives à l'étable, la dépense qu'elles font alors grève d'autant les labours et les rend beaucoup trop chers. N'oublions point que depuis dix-huit mois il règne dans le Midi une sécheresse qui détruit les fourrages, et qui, cette année, emportera la récolte des céréales. La vigne elle-même serait compromise, s'il ne survenait de la pluie d'ici à la fin du mois de mai. Le climat exerce donc une grande influence sur l'alimentation du bétail et peut la rendre très-coûteuse. Les 100 kilos de foin valent aujourd'hui de 15 à 16 fr., et l'avoine 25 fr. A ce taux, l'entretien des attelages est excessif, et, à moins qu'on ne puisse les occuper toute l'année aux labours à la charrue, il faut préférer la culture à la main.

D'après les évaluations qui nous sont fournies par des hommes experts, lorsqu'on ne peut employer les mules qu'aux labours de la vigne, en leur substituant les façons au *bigot* et à la *trinque*, on peut réaliser une économie de 10 % sur les frais généraux; on obtient, en outre, un rendement supérieur de 20 % à celui que rapporte la culture à la charrue. Nous n'avons pas de chiffres à donner relativement à l'économie que doit présenter l'emploi des labours lorsque l'on peut occuper toute l'année les attelages; mais ils doivent être supérieurs à 10 % du prix total de la main-d'œuvre. Reste entière la question du rendement, que l'on considère comme devant toujours être inférieure à la moyenne, lorsqu'on façonne à la charrue. Les partisans du travail à la main soutiennent avec force que le *bigot* et la *trinque* cultivent mieux le sol que le *fourcat* et la *râclette*; qu'ainsi la vigne se conserve plus longtemps et qu'elle fournit des vendanges plus abondantes.

Cette question ne peut point être isolée de celle des travailleurs. Les partisans du *bigot* auront raison tant qu'ils trouveront assez de bras pour satisfaire à leurs besoins; mais, le jour où les bras leur manqueront, ils seront forcés de recourir au *fourcat*, qui est un véritable progrès sur le *bigot*, puisqu'il abrége le temps et réduit la main-d'œuvre. La mécanique agricole et les admirables engins qu'elle enfante ne sont qu'un moyen de suppléer à l'insuffisance des bras. Tant que la Lozère et les pays circonvoisins vous enverront des légions d'ouvriers, vous pourrez cultiver à la main; le jour où les émigrations deviendront insuffisantes, il faudra bien recourir à d'autres expédients. Alors la mule remplacera les gens de la montagne. Seulement il faudra que, par des combinaisons nouvelles, en joignant à la viticulture d'autres industries, vos praticiens trouvent l'emploi de leurs attelages à des travaux utiles durant toute l'année. Il faut aussi espérer qu'un jour la région se couvrira de canaux d'arrosage, et qu'alors l'alimentation du bétail sera moins dispendieuse. En agriculture, un progrès en amène toujours d'autres, et finit à la longue par changer les conditions économiques en les rendant meilleures.

La collection de M. Golfin n'est là que comme un monument historique, comme l'expression des méthodes les plus en usage. Les constructeur sont voulu, eux aussi, faire quelque chose de mieux pour la vigne. L'exposition est riche en modèles de tous genres : charrues vigneronnes, piocheuses, houes à cheval, râtissoires, rien n'y manque. Mais, au dire des praticiens que j'ai consultés, aucun de tous ces engins modernes n'approche de l'ancien outillage pour la perfection et la rapidité du travail.

Quelques personnes se servent de la charrue Bodin, avec versoir Howard. Mais, à cause du palonnier mobile, cet instrument est plus difficile à manier que le fourcat ; il offre le grave inconvénient d'atteindre les jeunes pousses et de les séparer du cep.

M. Ségui a inventé une piocheuse à cinq dents mobiles, qu'il substitue au fourcat. C'est une sorte de scarificateur très-bien établi, mais dont nous ne pouvons juger le travail, ne l'ayant pas vu fonctionner. La charrue déchausseuse et cavaillonneuse du même constructeur peut très-bien retourner la terre ; elle rappelle, quant à la forme et au versoir, la charrue du Médoc. Relativement à l'organe, au moyen duquel M. Ségui prétend enlever le *cavaillon*, ou l'entre-deux que la charrue n'a pu attaquer, il consiste en un petit tourniquet, en forme de croix, fixé à l'aile du soc, et qui se meut par le seul fait de la traction. Ce tourniquet, on le conçoit, ne peut point blesser le pied des souches ; mais son action est-elle assez forte pour enlever complétement la partie du sol que le labour a respectée? Là est la question. Nous ne pensons pas, quant à nous, pour si ingénieux que soit l'expédient auquel M. Ségui a recours, que son tourniquet puisse atteindre le but. Toutefois nous devons ajouter que sa charrue cavaillonneuse est beaucoup plus simple que toutes celles qui ont été inventées par les viticulteurs des deux Charentes.

Nous passons, sans les mentionner, tous les autres spécimens d'outils assez nombreux proposés pour remplacer les anciens engins dont nous avons donné la description. Avant de finir, il nous faut dire quelques mots des outils propres au greffage et au soufrage.

Pour greffer, on déchausse la souche avec une *trinque*, on coupe l'arbuste entre deux terres avec une scie *ad hoc*. Le pied de la souche est fendu au moyen d'un ciseau, la greffe est introduite dans la fente à l'aide d'une petite serpette; on entoure le pied d'argile pétrie avec de l'eau et on recouvre le trou en employant une petite pioche.

Le greffage de la vigne est une pratique fort ancienne, recommandée par Cazalis-Allut, depuis que les chemins de fer permettent de vendre les vins en nature. Avec la greffe, on peut, sans une dépense trop forte (environ 50 fr. par hectare) et en peu de temps, transformer des vignes donnant des vins de chaudière, par exemple, en vignes donnant des vins de bouche. Cette méthode est donc supérieure et mérite d'être recommandée.

Le soufrage est un remède très-efficace, non pour guérir la vigne de l'oïdium, mais pour préserver sa récolte contre les atteintes du fléau. Ce remède a été découvert, en 1848, par M. Gontier, horticulteur à Montrouge-Paris. Il a eu pour propagateur énergique dans l'Hérault M. Henri Marès, qui a de la sorte rendu un très-grand service à son pays.

L'application du soufre se fait au moyen de soufflets et de boîtes qui le projettent sur les parties atteintes de l'oïdium, et principalement sur les jeunes grappes. Voici l'outillage particulier à ce traitement :

Le soufrage se fait à plusieurs reprises, depuis la pousse jusqu'au moment où le grain commence à tourner. La première façon a lieu au moyen d'une boîte percée de petits trous, dans laquelle on enferme le trituré, et que l'on secoue sur les parties qu'il s'agit de préserver. Cette boîte coûte de 75 cent. à 2 fr. 50, suivant les constructeurs. M. Vessière, sur les indications de M. Bouscaren, a perfectionné cet ustensile. Il s'établit avec un double fond, entre lesquels il place une petite boule pour diviser le soufre, et une houppe en laine à l'extérieur sert à régler la projection. M. Vessière vend sa boîte 2 fr. 50, ce qui est un peu cher.

M. Granal expose un soufflet qui nous paraît très-bien conçu. A l'intérieur figurent de petites tringles de fer pour diviser le contenu, une grille existe à l'entrée de la tuyère. Celle-ci a plusieurs corps de rechange, que l'on emploie suivant les différentes façons. Ces soufflets se vendent 4 fr., ce qui n'est point exagéré.

La hotte de M. Pinsard diffère entièrement de la boîte à houppe et du soufflet. C'est une caisse que l'on attache sur les épaules en forme de hotte; de la main droite, on manœuvre le soufflet que renferme la boîte, et de la main gauche on dirige la tuyère. Avec cet appareil, un homme peut faire le travail de cinq femmes se servant du soufflet ou de la boîte ; mais il faut que l'opérateur y apporte les plus grands soins, autrement la répartition du soufre se ferait mal et le but serait manqué.

Comme complément des engins projecteurs, il faut citer la boîte de fer-blanc, que l'on remplit de trituré et que l'on attache au moyen d'une bretelle. Il y a aussi un petit cuiller qui sert à remplir les appareils.

Tel est l'outillage particulier à la vigne. Nous y avons donné quelques détails, parce que la viticulture est la principale industrie de la région, et que rien de ce qu'on pourrait en dire ne saurait être oiseux. Demain nous nous occuperons de l'outillage du cellier.

VI. — L'OUTILLAGE DU CELLIER

Les vendanges s'exécutent avec un petit sécateur à ressort, semblable à ceux dont on se sert pour la taille de la vigne. Ces derniers sont de différentes dimensions, suivant qu'il s'agit de couper les sarments, les bras ou les souches ; on les manœuvre avec les deux mains. Les collections de MM. Michel, Mestre, Trabuc, offrent des modèles en tous genres.

Les raisins sont déposés dans des paniers d'osier, ce qui offre l'inconvénient, lorsque les grappes sont trop mûres, de laisser se perdre quelques parties de moût. D'un autre côté, lorsque le raisin est pourri, on ne peut l'exprimer dans des paniers ni en rejeter les résidus avariés. Ce triage, qui demande un peu de temps, est nécessaire, parce qu'on obtient ainsi des vins plus fermes et qui ne redoutent point la jaunisse. C'est pourquoi les viticulteurs diligents substituent le seau de fer-blanc au panier d'osier. Le nouvel ustensile est bien préférable. Aussi l'Exposition en comprend-elle des specimens que nous recommandons à tous les praticiens. Ceux de M. Chevalier coûtent 4 fr. la pièce.

Les paniers sont versés dans des bennes, comportes ou tinettes ; jadis ces récipients étaient placés eux-mêmes sur une voiture et emportés au cellier. Mais, depuis plusieurs années déjà, on fait construire des tombereaux étanches, soit de bois, soit de toile montée sur un cadre, dans lesquels on jette les comportes ou les paniers. On les conduit proche la cuve ; muni d'une pelle, un homme lance la vendange dans le fouloir, laquelle de là passe à la cuve de fermentation. Le moût, qui est au fond de la *pastière* ou du tombereau de bois, s'écoule, par une issue, dans une comporte qu'on loge avec le tout.

M. Bernard, un des exposants, vend ses véhicules étanches

140 fr., pour une capacité de un *muid*, ou sept hectolitres. Un autre exposant livre ses *pastières*, de deux muids, à raison de 80 fr. La pastière est donc préférable, d'autant mieux qu'une fois les vendanges terminées on la démonte, on lave la toile et on la serre dans un placard. Le tombereau, au contraire, occupe beaucoup plus de place et s'avarie très-facilement.

Le transport dans des véhicules étanches est une nécessité pour les grandes exploitations. On considère que les comportes exigent plus d'entretien, plus de manutention. Elles devraient être versées en une seule fois dans le fouloir, tandis que c'est à plusieurs reprises. Ce travail est beaucoup plus facile avec la pelle. Le tombereau de bois paraît en usage depuis une quarantaine d'années. La *pastière* ne remonte pas à plus de dix ans. M. Bouscaren s'en est fait l'ardent propagateur. Tous les praticiens amis du progrès l'acceptent avec empressement.

Le fouloir est un appareil composé de deux cylindres à travers lesquels on fait passer les grappes pour les écraser. On soumet à cette opération les raisins noirs dont le grain est dur et la peau épaisse. Les raisins tendres, comme les aramons, ne sont point foulés. On foule aussi les blancs et on les jette dans des cuves à double fond, afin de faciliter l'écoulage du moût. Les pepins et les grappes sont ensuite portés sous le pressoir.

Il existe sur le Peyrou un assez grand nombres de fouloirs. Nous mentionnerons entre autres ceux de MM. Eybart et Faure. Les plus gros modèles valent de 800 à 1,000 fr., les plus petits de 150 à 200 fr. Les gros modèles exigent une dépense accessible seulement aux grandes exploitations.

Les cuves à fermentation jouent un rôle considérable dans la viticulture. De leur bonne appropriation doit dépendre la qualité du vin. A l'époque où on distillait la majeure partie de la récolte, ces récipients étaient en pierre ou en maçonnerie; mais ils avaient l'inconvénient de ralentir la fermentation et de ne point permettre qu'elle fût égale dans toute la masse liquide. Le vin s'élaborait moins bien dans la pierre; il ne pouvait pas surtout y acquérir tout son développement lorsqu'on l'y laissait une fois la fermentation accomplie.

Depuis que les chemins de fer permettent la vente du vin en nature, les propriétaires de l'Hérault ont changé cette partie de l'outillage. On calcule que, dans une période de quinze à vingt ans, ils ont acheté des foudres de chêne pour loger sept millions d'hectolitres. Ces foudres remplacent très-avantageusement les cuves en pierre et même en bois. La fermentation s'y fait, sinon à l'abri de l'air, du moins dans de très-bonnes conditions. Comme la bonde du foudre est seule en contact avec l'atmosphère, le vigneron a moins à craindre que le chapeau ne s'aigrissse.

Il ne figure point à l'exposition de spécimens de cuves ; mais on y voit un appareil destiné à préserver la vendange du contact de l'air et à prévenir tous les phénomènes qui se produisent à cette occasion. Cet appareil appartient à M. Louis de Martin, chimiste et propriétaire, qui consacre ses loisirs à faire des études sur la fabrication et la conservation des vins. Il consiste en un siphon qui s'adapte au foudre hermétiquement fermé. Ce siphon dégorge dans un récipient où il y a de l'eau. Le gaz acide carbonique s'échappe par le tube, et la vendange se trouve parfaitement préservée des influences extérieures.

Voilà trois ans que M. Louis de Martin expérimente ses appareils. Il croit dès aujourd'hui pouvoir affirmer qu'ils offrent de nombreux avantages. Sans les énumérer tous, nous dirons qu'ils donnent un vin plus alcoolique et ne pouvant jamais être acide ; la couleur est plus vive, plus brillante et se dépouille plus vite. Au premier soutirage, les dépôts sont plus considérables et beaucoup moindres aux soutirages qui suivent; la conservation est plus facile.

Au point de vue de l'hygiène, la fermentation, d'après le procédé Martin, supprime tous les dangers qui, dans les celliers non aérés, existent pour les personnes. Les asphyxies foudroyantes n'y sont plus à craindre. Enfin, comme cet appareil est très-simple, très-facile à disposer et que son auteur n'a point pris de brevet d'invention, on peut pour quelques francs le faire établir par un artisan du plus faible mérite.

En attendant que ce système se vulgarise, M. Galibert a imaginé un appareil respiratoire au moyen duquel on peut pénétrer dans un cellier infesté de gaz acide carbonique et porter secours aux personnes en danger. M. Galibert expose cet appareil, qui rappelle celui destiné aux plongeurs. Il est tout en toile. Au moyen d'un soufflet on remplit d'air un sac et on l'attache sur le dos. Un tube, qu'on place dans la bouche, vous met en communication avec le réservoir d'air et vous permet d'arracher à la mort les vignerons surpris dans le cellier. Il serait à désirer que toutes les communes viticoles possédassent le modèle que nous venons de décrire. On préviendrait ainsi les nombreux accidents qui se renouvellent chaque année. Une dépense de 125 francs ne devrait point arrêter les Conseils municipaux, surtout lorsqu'il s'agit de la vie des pères de famille.

Les décuvaisons, dans l'Hérault, où la production est très-abondante, se font au moyen de pompes. Il est très-important que le liquide, préservé du contact de l'air durant la fermentation, le soit également lorsqu'on le décuve ou qu'on le soutire. Pour que toutes ces opérations ne causent aucune avarie, il faudrait des pompes qui s'adaptassent de la cuve au foudre, ou d'un foudre à l'autre, de manière à ce que l'air ne pût jamais atteindre le liquide. Il n'existe point encore de pompes conçues d'après cette donnée, mais il nous paraît qu'il serait facile d'en construire. Celles 'de MM. Benoit Formis et Edin, à double effet, nous semblent le plus se rapprocher de nos *desiderata*. M. Formis construit, en outre, une petite pompe rotative pour vider les futailles. Au moyen d'un tuyau, on met la pièce à vider en communication avec la pièce à ouiller ou à remplir; le liquide passe d'une dans l'autre sans être soumis aux influences extérieures. Ces précautions, minutieuses en apparence, sont essentielles, si l'on veut conserver au vin ses qualités et prévenir toutes les détériorations qui le menacent.

Les soutirages peuvent aussi s'opérer à l'aide de siphons. Le concours en compte plusieurs modèles. Un des plus recommandables est celui de M. Canet, qui s'allume ou s'amorce seul, et qui, une fois amorcé, ne se vide plus. Pour atteindre ce résultat, M. Canet place à l'extrémité de la branche qui puise dans le fût à vider une soupape de caoutchouc, qui se ferme aussitôt que le liquide cesse de monter; et, comme la soupape se meut du centre à la circonférence, le tube reste plein. Lorsque la branche de descente fonctionne, alors, la pesanteur de l'air agissant sur la futaille pleine, la soupape joue de la circonférence au centre et le vin s'engage dans le siphon. Ce perfectionnement est ingénieux; il dispense d'amorcer de nouveau à chaque pièce nouvelle; ce qui permet d'employer aux soutirages les manœuvres les moins experts.

M. Louis de Martin a fait subir au siphon Canet un petit changement: au lieu d'une soupape il emploie un galet, moins sujet à se déranger. Seulement, avec ce galet, le tube a un débit plus faible. Entre l'inconvénient que chacun des deux systèmes peut offrir, c'est au praticien à choisir le moindre.

Les futailles, muids, demi-muids, barriques, foudres, sont trèsbien représentés. Certains modèles sont polis et cirés avec le plus grand soin. Citons au hasard ceux de M. Reynes et de M. Servière.

La collection de pressoirs est digne de la région. Tous les systèmes s'y trouvent en présence, excepté les vieux spécimens faits en gros madriers avec des vis de bois. Cet engin, qui durant des siècles a défrayé la viticulture française, est encore fort en usage. Au Clos-Vougeot, on trouve les pressoirs des anciens moines de Citeaux, qui personnifient le moyen âge. Les propriétaires ne songent point à leur en substituer d'autres. Néanmoins, il faut l'avouer, les œuvres de la mécanique moderne sont plus perfectionnées que les engins grossiers de nos ancêtres.

Le pressoir est un appareil destiné à extraire du marc de raisin les parties liquides qu'il peut encore contenir. Pour bien remplir son office, il faut qu'il soit à percussion, c'est-à-dire que la masse à comprimer, au lieu d'une pression successive, reçoive des chocs alternatifs; il faut, en second lieu, que la force d'extraction soit en rapport avec la quantité de marc qu'on lui oppose; enfin il faudrait qu'au moyen d'un dynamomètre on pût savoir exactement la force dépensée.

Les deux premières conditions se trouvent réalisées par le modèle que M. Benoît Formis expose. D'autres modèles ont reçu le même perfectionnement. Nous citerons ceux de MM. Samain et Mabile. Mais M. Samain remplit la troisième condition, celle qui consiste à noter la force dépensée. Cette constatation se fait au moyen d'une aiguille qui se meut sur un cadran où se trouvent inscrits les chiffres correspondant à la pression. La découverte est tout à fait nouvelle; il faut espérer que la pratique saura en retirer d'utiles renseignements.

Le pressoir de M. Mabile, outre qu'il est à percussion, possède une série d'engrenages, qui multiplient la force, et un système d'embrayage, qui prévient les accidents. Ce sont là des perfectionnements très-précieux, puisqu'ils protégent la vie des travailleurs. Les machines conçues dans cet esprit doivent attirer les préférences des propriétaires.

M. Mannequin expose un pressoir hydraulique qui a une très-grande force L'application de ce système, déjà ancienne dans les usines, est toute nouvelle dans les celliers. Nous avons vu un premier spécimen de ce genre à Beaune, en 1864. Depuis lors nous n'avons plus rencontré de pressoir hydraulique nulle part. Nous sommes donc heureux de retrouver ce système à Montpellier, où les grands viticulteurs s'empresseront, sans doute, de l'essayer. C'est par l'usage seulement que nous pourrons connaître la valeur de l'appareil que M. Mannequin présente au Peyrou. Nous faisons des vœux pour que sa tentative soit suivie d'un plein succès. La mécanique doit surtout avoir pour objet d'affranchir l'homme des rudes travaux qui lui incombent encore aujourd'hui.

Depuis que, dans l'Hérault, la vente du vin se fait au poids et non à la mesure, les bascules sont devenues un accessoire indispensable du mobilier de cave; aussi l'exposition en renferme-t-elle plusieurs modèles. Ceux de M. Sagnier sont disposés pour peser les futailles. La plate-forme est plus petite que chez ceux destinés à d'autres usages Elle est garnie de deux rails, qui facilitent l'accès de la pièce. Un plan incliné établi à l'arrière simplifie cette opération. Un modèle en fer à chape mobile se vend 225 fr., et le même en bois 120 fr. Un autre modèle à levier et à cône fixe vaut 240 fr. en fer et 125 en bois. Cette exposition est bien appropriée aux besoins de la viticulture.

La question du pesage des vins a longtemps occupé la Société d'agriculture de l'Hérault. Après une étude approfondie, elle a fini par l'adopter. Le commerce oppose bien encore quelque résistance au nouvel usage, mais il est forcé de s'y conformer. Tous les riches propriétaires de l'Hérault vendent aujourd'hui leurs vins au poids : 100 kilos représentent un hectolitre. Le vin le plus alcoolisé, un peu moins lourd que celui d'un titre inférieur, donne un peu plus de 100 litres aux 100 kilos ; celui qui n'est pas si riche donne un peu moins. Somme toute, les différences sont à peine appréciables. Nous ne pouvons donc que féliciter la Société d'agriculture de Montpellier d'avoir accompli cette réforme.

Un appareil pour le chauffage des vins est exposé par M. Raynal. Il consiste en une cuve de bois dans laquelle, jusqu'à moitié de hauteur intérieure, est établi un serpentin, où circule de la vapeur d'eau. On sait que, d'après M. Pasteur, le chauffage ne doit pas dépasser 60 degrés centigrades. L'appareil réduit de M. Raynal est fort simple ; mais comme cet article est déjà trop long, nous renvoyons à notre compte rendu de l'exposition des vins les problèmes d'œnologie que le chauffage soulève.

VII. — LES VINS ROUGES

La Société d'agriculture de l'Hérault a eu l'excellente pensée d'annexer au Concours régional une grande exhibition de vins. Elle avait fait un appel aux neuf départements qui forment la circonscription, et chacun d'eux y a répondu dans des proportions différentes. Voici la statistique de cette manifestation en commençant par les plus hauts chiffres :

	Exposants.	Échantillons.	Bouteilles.
Hérault...............	260	614	1113
Vaucluse.............	71	184	386
Gard.................	48	108	198
Pyrénées-Orientales....	41	100	159
Aude.................	33	62	105
Bouches-du-Rhône.....	6	15	28
Var.................	5	16	26
Alpes-Maritimes.......	4	8	21
Corse	1	5	5
Totaux...........	469	1112	2041

Cet effectif est assez considérable, surtout lorsqu'il s'agit d'un premier essai; il faut espérer qu'on fera d'autres expositions similaires et qu'on les transportera successivement dans les principales villes de la région. C'est là le seul moyen de mettre en évidence bien des richesses qu'on ignore encore aujourd'hui. C'est à l'initiative de la Société d'agriculture de l'Hérault qu'on devra ces bienfaits. Aussi ne saurions-nous trop lui prodiguer nos éloges.

Nous serons plus sobre en ce qui concerne la composition du jury. Déjà, en 1866, nous avions émis l'idée que les négociants de la localité, quelque honorables d'ailleurs qu'ils fussent, n'étaient point aptes à juger le mérite des produits. Nous exprimions alors l'idée de faire venir des dégustateurs de la Bourgogne et du Bordelais, qui connaissent mieux les vins de table et qui n'ont aucun intérêt dans la question des vins du Midi.

La Société n'a point tenu compte de ces observations, nous le regrettons sincèrement. Un négociant en vins qui habite Cette ou Montpellier ne peut juger qu'à son point de vue. Or quel est pour ce négociant le vin le meilleur? C'est celui qui lui donne le plus de profit, c'est-à-dire qui peut être le plus vite consommé. Tous les vins plats, pâteux, se trouvent dans cette catégorie. Au contraire, les vins légers, peu corsés, ayant une certaine raideur, se font plus lentement; il faut les conserver plus longtemps. Ils exigent donc plus de capitaux, plus de soins, et, en définitive, doivent laisser moins de profit. Voilà pourquoi le jury, dans ses décisions, que, du reste, nous ne voulons point critiquer, a presque toujours donné la préférence aux produits qui ne peuvent se consommer directement.

Nous en avons acquis la preuve dans la dégustation à laquelle nous nous sommes livrés. Tandis que les vins de table se trouvaient presque toujours placés au dernier rang, le premier appartenait aux vins qui servent surtout à faire des mélanges. Ces critiques, nous le répétons, ne peuvent atteindre les membres du jury, qui se placent à un tout autre point de vue que celui où nous nous plaçons nous-même. Les deux opinions peuvent très-bien se soutenir. Toutefois nous pensons que l'avenir de la viticulture méridionale est tout entier dans le triomphe de nos idées. Il faut que la région renonce de plus en plus aux vins de coupage pour s'en tenir aux vins de table, qu'elle pourra un jour, il faut l'espérer, vendre directement aux consommateurs.

Déjà la réforme que nous préconisons est en voie de s'accomplir. Il y a quelques années à peine, les vins de l'Hérault étaient d'abord achetés par le commerce local, qui les revendait aux grandes maisons du Nord. Celles-ci, à leur tour, approvisionnaient de petits négociants, qui traitaient avec les consommateurs. C'étaient donc au moins trois intermédiaires par les mains desquels les produits devaient passer avant d'arriver à leur suprême destination. Aujourd'hui les grandes maisons du Nord viennent elles-mêmes faire leurs achats dans le Midi ; c'est, on le voit, un intermédiaire de supprimé. Quant au commerce local, il s'occupe d'exportation, et, en ce qui concerne l'intérieur, il se borne au simple rôle de commissionnaire. Il faut espérer que bientôt les viticulteurs, mieux avisés, concentreront tous leurs efforts sur les vins de table, et qu'ils seront assez intelligents pour se mettre en relation directe avec les consommateurs du Nord.

Pour faciliter la dégustation et rendre les travaux du jury plus rapides, on l'avait divisé en sept groupes. Le premier était chargé des vins rouges de plaine, le second des montagnes légers, le troisième des montagnes de couleur, le quatrième des vins fins, le cinquième des vins blancs secs, le sixième des vins blancs doux ; enfin le septième des alcools, des eaux-de-vie, des liqueurs, des vermouths et des vinaigres. Nous allons examiner successivement chacun de ces groupes et faire connaître les principales récompenses distribuées par le jury.

Le produit le plus nouveau de la région est sans contredit le vin de plaine destiné à la table. On a commencé à le fabriquer lorsque l'oïdium avait à peu près envahi toute la France. Le commerce du Nord se rendit alors dans l'Hérault pour y faire ses achats. Ce département était à peu près le seul qui fût préservé de la maladie au moyen du soufrage. Jusque-là le vin de plaine était livré aux flammes ; en devançant l'époque des vendanges environ d'un mois, on changea complétement la nature de ces vins et on les rendit propres à la consommation de l'homme. L'Hérault est le département qui a fait le plus de progrès dans cette voie. L'Aude n'est point encore aussi avancé, tandis que les Pyrénées-Orientales continuent à faire des vins de plaine plus propres à l'alambic qu'à la table. Le Gard en fournit aussi quelques faibles parties ; mais, lorsqu'on a traversé le Rhône, on rencontre des produits tels qu'on les fabriquait il y a des siècles.

Nous avons tout à l'heure parlé des crus qui se font vite et de ceux qui vieillissent plus lentement. La distinction entre ces deux catégories est très-facile. Les vins plats, pâteux, qui peuvent être bus deux ou trois mois après la décuvaison, acquièrent rapidement cette couleur dorée qui est le signe de la décadence. Au contraire, les vins légers, ayant une certaine raideur, conservent plus longtemps leur belle couleur vive. C'est seulement lorsque l'été arrive qu'on peut les boire. Ils ne prennent la teinte dorée que lorsqu'ils

ont deux ou trois ans. Tels qu'on les fabrique, les produits de
la plaine sont agréables à boire et s'écoulent à très-bas prix. On n'a
point oublié qu'en 1865, au moment des décuvaisons, ils se vendaient de 3 à 4 fr. l'hectolitre, et que, jusqu'à la récolte suivante,
les prix ne s'élevèrent pas au delà de 6 à 7 fr. Cette année, au
moment des vendanges, ils valent de 13 à 14 fr. Depuis lors ils
sont montés jusqu'à 15 et 16 fr.

Encore que la dernière récolte ait été assez bien réussie, le jury
n'a pas cru devoir décerner une médaille d'or à ce groupe. Les
deux médailles qui lui sont attribuées appartiennent à M. J. Monnet
et à M. Sauvageol. Les médailles de bronze sont échues à
MM. de Monier, Begulcou, Argence et à Mᵐᵉ Des Hours. Le deuxième
groupe, dit de montagnes légers, diffère peu du précédent. Il est fait
comme le premier avec l'aramon, auquel on ajoute quelques cépages
un peu plus noirs ; aussi sa couleur est-elle un peu plus foncée. On
peut également le livrer à la consommation directe. Ce produit est
un peu plus alcoolique que le précédent : il a de 10 à 11°, tandis que
l'autre n'en a que 8 à 10. Entre les prix de vente, il n'y a jamais
qu'un écart de 1 à 2 fr. par hectolitre. Cultivé dans les plaines fertiles du Vidourle, de Montpellier et de l'Hérault, l'aramon peut
donner jusqu'à 300 hectolitres à l'hectare. Ces chiffres sont excep-
tionnels. Cultivé sur les coteaux, l'aramon ne donne plus que de
50 à 100 hectolitres, suivant la fertilité du sol. La commune de
Loupian est considérée comme produisant les types du genre. Les
environs de Clermont et de Ganges en fournissent aussi de renommés. Les médailles d'argent reviennent à ces trois communes. Lavérune remporte une médaille de bronze.

Le troisième groupe comprend les montagnes ordinaires, les
montagnes foncés, enfin les vins de coupage. De ces trois catégories de produit, les deux dernières sont très-foncées en couleur et
ne peuvent être consommées directement. Les montagnes ordinaires se mélangent avec les vins de plaine et leur donnent un
peu plus de couleur. Les montagnes foncés avec les vins du
Centre, enfin les vins de coupage, servent à faire différentes opérations qu'il serait trop long d'énumérer.

Parmi les montagnes ordinaires qu'il aurait été préférable de
classer dans le groupe précédent, nous avons remarqué les échantillons de Mᵐᵉ veuve Connès, qui remporte une médaille d'argent.
Ce produit a un bon goût de *mache* fort agréable et un arrière-goût
de noisette très-délicat. Il est de beaucoup supérieur à celui qui
remporte la médaille d'or.

Les montagnes ordinaires, aussi bien que les montagnes légers et
les vins de plaine, sont des produits particuliers à l'Hérault. On les

retrouve dans l'Aude et dans le Gard, mais en moins grande quantité ; ils sont d'ailleurs moins bien fabriqués et moins agréables à boire. Parmi les échantillons que le jury n'a pas cru devoir récompenser, nous citerons ceux de M. Taix, qui ont beaucoup de mache et que nous croyons supérieurs à la médaille d'or. Nous avons expliqué plus haut que le point de vue auquel nous nous plaçons diffère complétement de celui du jury : voilà pourquoi nous donnons la préférence à M. Taix.

Les montagnes foncés et les vins de couleur dits de coupage proviennent de ceps dont le raisin est très-foncé et qui sont, entre autres, la carignanne, le mourastel, le teinturier, etc. Les vins qui en proviennent sont noirs comme de l'encre ; en étendant ce liquide de trois à quatre fois son volume d'eau, on obtient encore un produit très-foncé. Ce vin est très-recherché par le commerce, qui le paye aux cours les plus élevés. Il sert à faire toute espèce de mélange et à donner aux petits vins du Nord la couleur et la vivacité dont ils manquent.

L'Hérault n'a point le monopole de cette fabrication ; l'Aude, les Pyrénées-Orientales et le Gard, lui font une rude concurrence. Tout le monde connait les produits des environs de Narbonne. Dans les Pyrénées-Orientales, il y en a d'autres qui ne le cèdent en rien à ces derniers ; enfin, dans le Gard, la commune de Saint-Gilles est surtout renommée pour ses gros vins noirs. Ces types se récoltent principalement sur des sols argileux ; comme nous l'avons dit, on ne peut les employer que sous forme de mélange. Cette en achète beaucoup, qui servent à faire les vins de Malaga et de Burgondiport, qui sont expédiés dans l'Amérique du Nord.

Cette partie de l'Exposition est fort belle ; on y remarque des types parfaitement réussis ; quelques-uns d'entre eux ont même le goût de mache. Le jury a dû être fort embarrassé pour décerner les récompenses. Dans les vins de montagne foncés, la médaille d'or appartient à M. de Marville, et celle d'argent à M. Buisson. Quant aux vins de coupage, ils sont tout aussi bien réussis, mais ils conservent toujours un goût de fruit peu agréable. La médaille de vermeil est attribuée à la commune de Saussan ; Olonzac en rapporte une d'argent, ainsi que Clermont ; M. Gras, notre directeur, obtient la médaille de bronze. M. Cazalis-Fondouce avait exposé des échantillons récoltés à Villeveyrac, qui ont été mis hors concours, car il est membre de la Société d'agriculture.

Un dernier enseignement sur ces deux catégories. A la récolte, les vins de montagne foncés se sont vendus de 14 à 15 fr., et valent aujourd'hui 20 fr. l'hectolitre. Les vins de coupage valaient, après les vendanges, de 17 à 18 fr., tandis qu'aujourd'hui on les cote de 22 à

23 fr. Ces chiffres sont éloquents. Rapprochés de ceux que nous avons donnés plus haut, ils montrent que le commerce préfère de beaucoup les produits qui servent à faire les coupages, puisqu'il les paye bien plus cher, tandis qu'il laisse au dernier rang les produits propres à la table. C'est là, il faut l'avouer, une situation anormale, qui ne s'explique que par l'anarchie dans laquelle est tombé le commerce des vins. Pour sortir de cette situation, il faut supprimer une partie des intermédiaires inutiles et laisser aux producteurs eux-mêmes le soin de se créer des débouchés.

Le quatrième groupe embrasse les *vins fins de table.* C'est ainsi que l'on caractérise ce groupe. Et d'abord existe-t-il des vins fins dans l'Hérault? Si l'on donne ce nom à des produits qui ont du bouquet et de la saveur, il faut répondre négativement. Si, au contraire, on entend par vins fins les produits qui sont un peu plus distingués que ceux de la plaine et de la montagne, on peut répondre affirmativement. Le quatrième groupe comprend les saint-george, les saint-drézéry, les saint-christol et quelques similaires qui environnent ces trois communes. Le saint-george est un vin très-renommé; il a beaucoup de force alcoolique et vieillit rapidement. Les nombreux soutirages de la première année conduisent à ce résultat : on en donne jusqu'à cinq. Arrivé à ce point, le liquide a une couleur dorée qui frappe l'œil; mais il reste toujours chaud, un peu trop vineux, et manque de cette délicatesse qui caractérise les produits de la Bourgogne et du Bordelais. La médaille de vermeil appartient à M. Ferroulliat, propriétaire du clos de Bellevue. Ce vin valait 22 fr. à la récolte, et aujourd'hui il se traite de 25 à 26 fr. l'hectolitre nu. M. Roudier obtient la médaille d'argent et M. Branet la médaille de bronze. Les vins de Saint-Drézéry et de Saint-Christol occupent le second et le troisième rang. Il y a toujours entre ceux-ci et le premier une marge de 2 à 3 fr. par hectolitre.

En ce qui concerne cette catégorie de produits, l'Hérault n'occupe point la première place. Dans la région, il faut d'abord ranger le Gard. Ce département possède un assez grand nombre de crus qui rivalisent avec les saint-george, et laissent loin derrière eux les saint-drézéry et les saint-christol. Le langlade est un des plus distingués ; il est un peu moins alcoolique que le saint-george, et semble aussi moins chaud au palais. On l'appelle le beaujolais du Midi et on le vend à Montpellier comme tel. Le tavel, le lédenon, le la nerthe, qui se trouvent sur les bords du fleuve, ont tous les caractères des vins de la côte du Rhône. Le Gard, en résumé, récolte proportionnellement plus de vins de table que l'Hérault, mais les procédés de vinification y sont moins avancés.

Vaucluse fournit également quelques produits bien cotés dans le commerce. En tête, il faut placer le châteauneuf-du-pape, qui en est la plus haute expression. Après lui viennent différents types, qui tous le rappellent plus ou moins. Si l'on en excepte Vaucluse, toute la partie de la région située à l'est ne donne que des vins ordinaires, laissant beaucoup à désirer sous le rapport de la fabrication. Enfin, à l'autre extrémité, dans l'Aude et dans les Pyrénées-Orientales, on trouve parfois des crus rouges qui ont quelque distinction. Ce dernier département se remarque surtout par ses vins blancs du Roussillon, dont nous parlerons plus loin.

Les viticulteurs de l'Hérault devraient s'estimer heureux de produire en grande abondance des vins à très-bas prix, tels qu'il n'en existe nulle part. Eh bien! ce monopole que la Providence leur a départi si libéralement ne suffit point à leur ambition : ils ont parfois rêvé et rêvent encore aujourd'hui de faire concurrence à la Bourgogne et au Bordelais. Dans ce but, ils ont planté les cépages de ces deux pays ; mais ces tentatives n'ont jamais pu réussir. Ce qui manque aux bordeaux et aux bourgogne de l'Hérault, c'est la finesse, c'est la saveur, c'est le bouquet. Ils ont d'ailleurs trop d'alcool. Ce sont là autant de défauts qui rendent la lutte impossible.

M. le docteur Delhon expose des échantillons faits avec du malbec, cépage que l'on cultive dans les palus du Médoc. Ce vin, qui aujourd'hui a trois ans et demi, est excellent; mais il n'a point conservé ses qualités originaires. Il est d'ailleurs un peu trop noir de robe et un peu trop alcoolique; mais il serait facile de corriger ces défauts en le mélangeant de picquepoul ou de terret-bourret. Ce dernier cépage surtout, qui donne un produit plus léger, diminuerait un peu la force alcoolique. Le malbec de M. Delhon lui rapporte de 80 à 100 hectolitres par hectare ; c'est un très-beau rendement. Il espère trouver dans le Nord le placement de sa récolte sans être obligé de le vendre au commerce, qui ne l'apprécierait pas à sa juste valeur. Nous souhaitons à M. Delhon un plein succès.

Un autre propriétaire, M. le docteur Golfin, expose également divers échantillons provenant des cépages de la Bourgogne, du Bordelais, de la Corse, etc. Tous ces échantillons ne manquent pas de caractères. Reste à savoir si, produits en grande masse, ces vins seraient payés par le commerce ce qu'ils valent. Nous ne le pensons pas, quant à nous. Aussi nous bornerons-nous à dire aux viticulteurs de l'Hérault et du Midi : Faites beaucoup de vin commun propre à la consommation des classes laborieuses; faites-le à très-bas prix, et vous aurez bien mérité de la France tout entière.

VIII. — LES VINS BLANCS

Il y a entre le climat de la région et celui de l'Espagne et de l'Italie de très-grands rapports; aussi nos vins du Midi ressemblent-ils beaucoup aux vins des deux péninsules. Les blancs, surtout, ont entre eux une très-grande analogie. On récolte dans l'Hérault des types tout aussi distingués que les xérès, les malaga, les madère, les chypre, etc. On y récolte également du tokai et leurs similaires qui viennent sur les bords du Danube. Cette branche de la production, il est vrai, est peu considérable, mais nous avons cru devoir la mentionner comme pour faire connaître les aptitudes de la région.

Des vins blancs doux et secs, un peu moins délicats que ceux dont nous venons de parler, offrent, dans l'Hérault, l'Aude, et les Pyrénées-Orientales, une ressource importante pour la viticulture. Le programme de l'Exposition les divise en deux groupes, que nous allons successivement examiner.

Le premier comprend les vins blancs secs, qui sont les piquepouls, les picardans, les terrets-bourrets, les clairettes, le tokai. Les vins blancs doux embrassent les muscats, les malvoisie, les alicante, les grenache, les calabre, les tokai, les macabeo, les clairettes, etc. Dans la première catégorie, les terrets-bourrets et les piquepouls forment un produit considérable. Le premier sert surtout à faire des coupages avec les vins foncés de montagne. Il sert encore à la fabrication du champagne et se vend dans les restaurants parisiens pour du chablis. Le piquepoul est employé pour la confection des vins blancs d'imitation de Cette; on en fait également du vermouth, et on le consomme à Paris pour du vin de Graves.

Le cépage terret-bouret est très-fécond ; il vient surtout dans les plaines ; il est au vin blanc ce que l'aramon est au vin rouge. Le sol et les procédés de fabrication lui donnent un goût et une couleur qui ne sont pas toujours les mêmes. La couleur varie du blanc cristal de roche au jaune plus ou moins ambré. Le goût rappelle quelquefois la noisette, quelquefois la pierre à fusil très-légèrement accentué. Le terret-bourret se rapproche donc par la couleur et par le goût de certains similaires de Bourgogne. Celui qui est très-blanc et qui a un léger goût de pierre à fusil imite le chablis et se vend à Paris comme tel ; celui dont la couleur est légèrement ambré et qui a l'arrière-goût de noisette, imite le Pouilly-lès-Mâcon. L'Exposition renferme ces deux types bien tranchés. Ainsi l'échantillon présenté par M. Cers, d'Adissan, se rapproche du pouilly, tandis que les échantillons de M. Louis Vialla rappellent le chablis. L'Aude et les Pyrénées-Orientales produisent également des terrets-bourets qui ont les mêmes caractères et la même destination. Ils se vendent à peu près comme les vins de la plaine. Ainsi, dans l'Hérault, ils valaient à la récolte de 12 à 13 fr.; aujourd'hui ils se traitent de 17 à 18 fr.

Jadis la Suisse et l'Alsace achetaient beaucoup de terrets-bourrets, mais depuis quelques années les demandes sont moins importantes. On les remplace par les vins rouges de plaine, qui paraissent être en faveur dans ces deux contrées.

Le piquepoul est un cépage qui préfère les coteaux et qui donne un produit beaucoup plus alcoolique que le terret-bourret. La couleur et le goût de ce vin varient également selon les modes de fabrication et la nature du sol sur lequel on le récolte. La couleur en est généralement jaune ambrée ; toutefois il en existe qui tire sur le blanc. Le goût diffère suivant la composition des terrains qui le produisent. Lorsque ces terrains sont siliceux, le goût de la pierre à fusil est très-sensible. Il l'est moins s'il provient d'un sol calcaire; alors il présente un arrière-goût de noisette. Lorsque ce vin, mis en bouteille à la fin de la seconde année, arrive à la cinquième, on le prendrait pour un vin de Graves de seconde qualité. Les industriels de Cette l'emploient à la fabrication du xérès, du madère et autres vins blancs secs d'imitation. Mais il faut qu'il ait deux ans. Nous traiterons plus loin de cette branche de produits, qui a une véritable importance et qui se trouve très-bien représentée à l'Exposition.

Les deux départements de l'Aude et des Pyrénées-Orientales cultivent le piquepoul sur une assez vaste échelle. On n'en rencontre que très-peu dans le département du Gard. Sur la rive gauche du Rhône ce cépage est à peu près inconnu. Ceux qui donnent les autres vins blancs secs n'occupent que de faibles étendues. Nous citerons. entre autres, le picardan, dont on obtient des moûts que l'on mute et que l'on expédie à l'état de vin bourru dans le Nord. Les fabricants de Cette les réduisent par évaporation dans des chaudières et .en font une sorte de sirop concentré, qui sert ensuite à composer les vins d'imitation. Le picardan tend à disparaître ; on lui substitue la clairette, destinée aux mêmes emplois. Quant au tokai, c'est une culture exceptionnelle sans importance dans l'Hérault et les dépar-

tements qui l'avoisinent. Aussi nous bornons-nous à le mentionner pour mémoire.

Les vins blancs doux, qui forment le second groupe de cette catégorie, sont très-variés dans l'Hérault, l'Aude et les Pyrénées-
Orientales. Leur préparation diffère de celle des vins blancs secs,
car plusieurs de ces variétés se font avec le même cépage. Les
types les plus recommandables de ce groupe sont les muscats produits dans les trois départements que nous venons de nommer.
L'Hérault possède à lui seul quatre crus différents qui sont, par
ordre de mérite, le frontignan, le lunel, le maraussan et le cazouls.
Dans le Roussillon, on place en première le rivesaltes, mais ce cru
ne passe qu'après les lunel et les frontignan.

L'exposition du frontignan n'est point ce qu'elle aurait dû être.
Ce cru, dont la réputation est très-ancienne, nous paraît être en décadence. A la qualité, les viticulteurs semblent préférer la quantité;
ils ne laissent pas suffisamment mûrir le raisin; aussi ne remporte-
t-il que des médailles d'argent et de bronze; la médaille d'or appartient à Lunel. Les vins de cette provenance ont plus de finesse que
ceux de Frontignan, ils sont plus délicats ; mais ils ont moins le
goût de fruit. Malheureusement la vente du muscat est si difficile
que les viticulteurs de Lunel arrachent leurs vieilles vignes pour y
substituer des cépages communs et plus fertiles. La production tend
à se déplacer et à se concentrer dans les environs de Béziers. Les
deux communes de Maraussan et de Cazouls ont un très-beau vignoble de muscats; elles font de louables efforts pour améliorer leurs
produits ; un jour, si Frontignan n'y prend garde, il pourrait bien être
débordé. Quoi qu'il en soit, le frontignan est toujours aux yeux du
commerce comme la plus haute expression des vins muscats. Cette
année, au moment de la récolte, il se vendait 80 fr. l'hectolitre ; aujourd'hui il se traite à 100 fr.

C'est dans le Roussillon que se produisent les vins blancs doux
faits avec les cépages de malvoisie, de tokaï, de macabeo, d'alicante, de grenache et de calabre. Ces produits, qui peuvent faire à
ceux du Cap une concurrence sérieuse, se consomment très-peu à
l'intérieur; on les exporte en Espagne, en Italie, où ils se rencontrent
avec leurs similaires, qui ne peuvent pas toujours lutter à armes
égales. On les exporte également dans l'Amérique du Sud. Le commerce de Cette les achète pour fabriquer ses vins d'imitation. Dans
l'Hérault, on récolte des vins blancs doux de même nature, mais en
plus faible quantité. Les communes d'Adissan et de Marseillan
sont renommées pour ce genre de produits. Aussi obtiennent-elles
la médaille d'or et la médaille d'argent. Au moment de la dernière
récolte, ces différents types se vendaient de 25 à 32 fr. l'hectolitre;

faute de débouchés ces prix sont restés les mêmes. Que serait-ce donc si les fabricants de vermouth venaient tout à coup à substituer à ces vins doux d'autres provenances qui rempliraient pour eux le même but ?

Avant de quitter ce groupe, nous croyons devoir mentionner l'exposition de M. Bertrand, de Béziers, qui est vraiment remarquable. Il y a de cela plus de trente ans, M. Bertrand a fait venir les principaux cépages d'Italie, d'Espagne, de l'Archipel et de Hongrie, et les a cultivés sur un sol aride composé de débris granitiques et de silice. En laissant bien mûrir ses raisins, car souvent il ne vendange qu'au mois de novembre, il a pu obtenir des types qui sont presque toujours meilleurs que leurs similaires étrangers et qui font l'étonnement des véritables œnologues. Nous avons dégusté avec plaisir son xérès, son madère, son malaga, son chypre, etc., et nous les avons trouvés d'une qualité vraiment supérieure. M. Bertrand affirme qu'il possède ainsi 250,000 litres de tous les vins qu'il a récoltés depuis trente ans. C'est là un véritable trésor enfoui et qu'il s'agirait de livrer au commerce. Nous engageons l'honorable viticulteur de Béziers à ne point conserver dans ses caves tous les merveilleux produits qu'elles renferment.

Pour compléter le sixième groupe, il nous reste à parler des vins d'imitation fabriqués à Cette. Cette exposition est représentée par quatre industriels MM. Warchlère et Blouquier, qui sont hors concours comme membres de la Société, et Torquebiau et Winberg, qui remportent les deux seules médailles accordées. Les types représentés sont le porto, le madère, le lisbonne, le muscatel, le pacaret, le chypre, le xerès et le malaga. Ces vins, ainsi que nous l'avons déjà indiqué, se composent pour les blancs des produits récoltés dans les environs de Cambours, de Perret, de Paulhan, Adissan et Marseillan. On se sert aussi des produits du Roussillon, que nous avons fait connaître plus haut. Voici comment on prépare les vins blancs doux destinés à ce genre de fabrication : on empêche la fermentation au moyen du mutage ou bien encore du vinage, on garde ces produits pendant la première année en cave ; la seconde année on les expose au soleil et on y introduit successivement de l'alcool par petites parties. De cette manière, l'assimilation est plus complète. Le vinage des moûts, que la loi de 1816 ne reconnaît point, a été autorisé il y a environ dix ans, sur la demande de M. Wimberg. Aussitôt que le soleil a produit son effet, on rentre les futailles et on donne le bouquet. Pour les madère, ce bouquet consiste en une décoction de coques d'amandes qui restent pendant une année dans de l'alcool; la proportion que l'on verse dans une barrique est très-faible. Lorsqu'il s'agit de malaga, on emploie les vins doux noirs du Roussillon ainsi que les montagnes foncés de l'Hérault. Le mélange est également exposé au soleil, où il reste la belle saison et où il subit les vinages dont nous avons déjà parlé. On rentre ensuite les futailles et on y ajoute le bouquet, qui consiste en une décoction de brou de noix fraîche dans de l'alcool. Tels sont, en résumé, les procédés admis à Cette pour fabriquer les vins d'imitation. Lorsqu'on les traite avec soin, on obtient ainsi des produits que presque toujours les consommateurs préfèrent aux similaires naturels. Bien souvent, on a fait ainsi des dégustations comparatives, et huit fois sur dix l'avantage est resté aux produits imités.

Cette industrie est très-légitime pourvu que le fabricant mette le mot *imitation* sur ses étiquettes. Avec cette mention, la morale est sauve et le procureur impérial le plus rigoureux n'a rien à y voir. En second lieu, cette industrie est très-recommandable par les capitaux qu'elle fait mouvoir, par le nombre de bras qu'elle occupe, et par les services qu'elle rend à la viticulture en lui offrant un débouché certain. A ces titres divers, elle mérite la protection de l'Etat et la reconnaissance des citoyens. Il est fâcheux que la suppression du vinage en franchise lui ait créé des embarras. L'administration fait bien tout ce qu'elle peut pour adoucir les rigueurs de l'exercice; mais il y a toujours là une entrave qui la gène dans ses allures. Ces entraves tendent à décentraliser la fabrication de Cette, qui jadis avait le monopole de cette industrie. Aujourd'hui on confectionne beaucoup de vins d'imitation à Hambourg, et ces produits vont à l'étranger faire concurrence aux nôtres. Voilà comment une mesure maladroite peut causer préjudice à la richesse nationale.

Le septième groupe comprend les alcools, les eaux-de-vie, les vinaigres, les liqueurs et les vermouths.

Depuis la distillation de la betterave, l'industrie des alcools a perdu de son importance dans le Bas-Languedoc. Aujourd'hui, on ne brûle guère que les vins avariés, ce qui donne des alcools ayant presque toujours mauvais goût; M. Boyer, de Béziers, expose une série d'échantillons à partir de 95° jusqu'à 52°; ces échantillons sont très-bien réussis et le jury leur a concédé un rappel de médaille d'or. Une autre série d'échantillons, partant de 98° jusqu'à 52°, est exposée par M. Renaud, qui remporte la médaille d'argent. Les autres exposants dans cette catégorie n'ont rien qui soit digne d'être mentionné. M. le Dr Delhon, présente de l'eau-de-vie de 1852, qui lui a valu une médaille de vermeil, et M. Revel, de Saint-André, des échantillons du même liquide obtenus au moyen de l'appareil usité dans les Charentes. Cette eau-de-vie a mérité la médaille d'argent; enfin M. Théodore Serre a été jugé digne de la médaille de bronze.

La section des vinaigres est une des plus remarquables. Depuis quelques années, les fabricants de ce produit suivent les conseils de M. Lutran, et s'en trouvent fort bien. M. Lutran, que nos lecteurs connaissent, obtient de très-bons vinaigres avec des vins complètement avariés. Il commence par les clarifier avec du plâtre, puis il les filtre ; enfin, il les chauffe à une température qui varie de 60 à 80°. Le chauffage fait périr tous les mycodermes qui se trouvent dans le liquide, de telle sorte qu'il ne subit plus aucune altération. Les échantillons que M. Lutran expose sont de deux natures : les uns n'ont pas subi le chauffage, tandis que les autres ont été chauffés. Après quelques jours de préparation, les premiers se chargent de mycodermes, qui finissent par occuper plus de la moitié de la bouteille et rendent le contenu impropre à la consommation; les seconds, au contraire, conservent leur belle couleur et ne s'altèrent qu'à la longue. Nous en avons vu en bouteilles préparés depuis six mois qui sont dans un parfait état de conservation. Les frais de restauration coûtent à peine de 0 fr. 05 à 0 fr. 06 par litre. C'est peu si l'on considère que le bon vinaigre se vend deux ou trois fois plus cher que les vins avariés.

Les liqueurs ne sont que faiblement représentées dans l'orangerie du Peyrou. La fabrication de ces produits était jadis très-florissante dans l'Hérault; aujourd'hui on n'y confectionne plus que des liqueurs de ménage les plus médiocres. Aussi le jury n'a-t-il pas cru devoir accorder des récompenses à cette partie de l'exposition.

En revanche, l'absinthe de Lunel, présentée par la maison Pernot, occupe toujours le rang qu'elle a su si bien conquérir. Cette absinthe est faite avec des alcools de vin réduits à 72°; la plupart des plantes aromatiques qui servent à les parfumer viennent de la Suisse. La fabrication a lieu lentement et par faible partie. Toutes ces circonstances font de l'absinthe Pernot une boisson fort agréable, et qui ne détruit pas la santé quand on en use modérément.

Les vermouths complètent cette série. Nous avons déjà dit que cet apéritif se compose de piquepouls et de terret-bourrets vinés à 5 ou 6 p. 100 et que le parfum lui est donné par des plantes odoriférantes. M. Vivarès, de Cette, a fondé tout récemment une fabrique de vermouth, qu'il destine surtout à l'exportation. Cet établissement est un débouché pour les vins blancs de l'Hérault, et, à ce titre, il est digne d'être encouragé.

Avant de passer aux expositions particulières des autres départements de la région, il nous faudrait parler du chauffage des vins et de leur restauration en cas de maladie. Comme ce sujet est d'une haute importance, nous en renvoyons l'examen à un prochain article

IX. — LES VINS DE LA RÉGION

On s'est beaucoup occupé, dans ces derniers temps, du chauffage des vins. Parmi les nombreux procédés que l'on propose, un d'entre eux a reçu un prix de 10,000 fr. à l'Exposition universelle. Cette découverte est-elle nouvelle ? Doit-elle réaliser les espérances qu'elle a fait concevoir? C'est là ce qu'il nous faut examiner, car l'Exposition du Peyrou renfermait tous les échantillons traités par l'une de ces méthodes.

Le chauffage des vins n'est point chose nouvelle. Dès le milieu du XVIIIe siècle, un chimiste distingué, Chelle, l'appliqua au chauffage des vins aigres. Depuis lors on l'a étendu aux vins, et, malgré les différentes tentatives répétées, notamment sous la Restauration, nous ne sachions pas que cet expédient ait rien pu produire.

C'est le commerce qui a mis en avant toutes ces théories, et qui, malgré l'activité dont il fait preuve, ne parviendra point à les faire prévaloir. Le commerce achète les grands vins de Bordeaux et de Bourgogne presque aussitôt après les décuvaisons. Il les paye généralement après dix-huit mois : c'est déjà un crédit considérable. Mais ce crédit ne compense pas l'intérêt des capitaux engagés dans ces opérations, ainsi que les pertes que les soutirages fréquents lui font éprouver. Ces grands vins doivent rester en tonneau jusqu'à la cinquième ou sixième année, quelquefois plus longtemps encore. Il faut ensuite les mettre en bouteilles, et c'est seulement après cette opération qu'on peut les livrer aux consommateurs. Toutes ces exigences accroissent beaucoup le prix des grands vins. On conçoit, dès lors, que le commerce s'efforce, par tous les moyens en son pouvoir, de réduire la durée de cette préparation longue et coûteuse. Tels sont les motifs qui ont fait proposer tous les procédés de vieillissement.

Déjà, en Belgique, il y a quelques années à peine, les négociants en vins ont eu l'idée de mettre les grands crus en bouteilles au bout de deux ans. Cette tentative, très-avantageuse pour le commerce, n'a pas eu de succès. Les plus simples éléments d'œnologie enseignent que le vin, pour se développer à point, doit rester dans le bois plus ou moins longtemps, et que c'est seulement lorsqu'il a acquis toute sa maturité qu'il peut être mis en verre. D'autre part on sait que, logés prématurément en bouteilles, les grands crus n'atteignent jamais toute leur perfection, et que leur développement s'arrête au point où ils se trouvaient au moment de cette opération. Voilà donc la mise en bouteilles hâtive jugée.

Un exposant de l'Hérault, M. Rellin, prétend avoir trouvé un procédé chimique pour vieillir les vins une fois mis en verre ; mais ce prétendu procédé n'est qu'un leurre pour le viticulteur. M. Rellin, au lieu d'employer un procédé chimique, comme il le soutient, met ses bouteilles dans l'eau chaude et les y laisse une série de dix minutes par chaque année de vieillissement qu'il veut leur donner. Il ne fait donc qu'appliquer un des procédés de chauffage.

Le tort des personnes qui préconisent cet expédient, c'est de lui donner un caractère par trop empirique. Proposer le chauffage comme un moyen absolu de bonifier toutes sortes de crus et de hâter leur vieillessement, c'est aller beaucoup trop loin En cette grave matière, il faut savoir distinguer entre les vins qui se font vite et ceux qui demandent beaucoup de temps. Les vins de l'Hérault, par exemple, qui durent peu et s'altèrent facilement, peuvent être soumis au procédé. Par ce moyen, on allongera un peu leur existence, et, dans les limites que la nature leur assigne, on les empêchera de se gâter. Les grands crus de Bordeaux et de Bourgogne, au contraire, qui se développent très-lentement, qui mettent de longues années à vieillir, ne doivent jamais être soumis au chauffage. A quel âge pourrait-on les chauffer ? Est-ce pendant la période qu'ils doivent passer dans les fûts ? Alors vous les empêcherez d'atteindre toute leur perfection, de même que vous arrêtez leur développement lorsque, durant cette même période, vous les mettez en bouteilles. Appliquerez-vous le chauffage aussitôt que les vins ont été mûris dans les futailles ? Mais alors qui est-ce qui peut vous assurer que cette opération les rendra meilleurs que s'ils étaient abandonnés a eux-mêmes ? N'oublions jamais que les conserves alimentaires, lorsqu'on en use trop fréquemment, finissent par dégoûter. Pourquoi les vins traités à la façon des conserves ne nous dégoûteraient-ils pas également ? Jusqu'à preuve contraire, et on ne l'a pas encore fournie, nous pensons que les grands vins vieillis par le chauffage ne vaudront jamais ceux qui auront été vieillis par le temps.

L'erreur des personnes que nous combattons est de croire que le chauffage améliore. Non ; il n'a d'autre but que d'empêcher les vins mal constitués de s'avarier. Quant aux produits robustes qui ne redoutent point les maladies et qui ne demandent que du temps

pour se perfectionner, loin de leur donner des qualités, le chauffage
doit détruire celles qu'ils possèdent naturellement. Nous le répétons, tous ces expédients, on ne peut les avoir imaginés que dans
l'intérêt du commerce et au détriment des consommateurs.

M. Louis de Martin expose des échantillons produits par la fermentation en vase clos et chauffés par des procédés qui lui sont
particuliers. Ces vins proviennent de son domaine de l'Aude.
M. de Martin n'accepte le chauffage qu'avec les distinctions que
nous venons d'établir. Il pense, avec raison, que la chaleur doit
faire disparaître les êtres vivants qui se trouvent dans le liquide.
Or ces êtres, en effectuant toutes leurs évolutions vitales, doivent
aider à la transformation des éléments qui constituent le liquide.
D'après ce chimiste, les ferments sont indispensables à la matu-
ration des vins dans les tonneaux, de telle sorte que, si on les
tue par la chaleur, il est à craindre qu'il y ait arrêt dans leur développement. C'est là une question fort obscure encore et qui a
besoin d'être soumise à de longues expériences avant que l'on
puisse être fixé.

Comment s'opère le chauffage? De deux manières : par l'eau
chaude ou par la vapeur. L'eau chaude peut circuler dans l'appareil
au moyen d'un serpentin, comme le préconise M. Rossignol, de
Béziers. Elle peut aussi s'élever au centre du récipient au moyen
d'une colonne, comme le propose M. Reynald Dans ces deux systèmes, la température ne doit pas s'élever au delà de 50 à 55°. Au
lieu d'eau chaude, on peut faire circuler dans le serpentin ou dans
la colonne médiane de la vapeur d'eau. Mais ces appareils, dont il
n'existe pas de modèle à l'Exposition, offrent de très-grands dangers.
Il est assez difficile de les régler de manière à ce que le vin ne
dépasse pas 55°.

Autre question fort importante pour la viticulture du Midi : nous
voulons parler du rétablissement des vins piqués, tournés et amers,
trois maladies qui sont fréquentes dans la région. Les produits
ainsi avariés n'ont plus qu'une faible valeur, celle de l'alcool qu'ils
peuvent renfermer. Ils ne sont plus aptes qu'à la chaudière : c'est
donc une perte considérable pour les viticulteurs exposés à ces
genres d'avaries. Ne serait-ce point leur rendre un très-grand service si, au moyen d'un procédé simple, économique, on pouvait leur
permettre de rendre ces vins à la santé ? Ce problème vient d'être
heureusement résolu par M. Lutran. Ce savant chimiste expose
différents échantillons qu'il est parvenu à rétablir moyennant une
très-faible dépense, et qui ont pu se vendre trois fois plus cher que
les similaires avariés. Le vin piqué n'arrive à cet état que parce
qu'il manque de tartrate neutre de potasse. M. Lutran leur donne

dans de faibles doses l'élément dont ils sont privés, et aussitôt ils reviennent à la santé. Pour la rendre plus durable, M. Lutran chauffe le produit guéri à 50° ; il empêche ainsi la maladie de se reproduire et en assure la conservation pendant six à huit mois, temps plus que suffisant pour en opérer la vente.

M. Lutran remplace le tartrate neutre de potasse par la potasse caustique en dissolution dans de l'eau. Un autre chimiste, M. Botillon, conseille la chaux vive en poudre. Ces éléments sont peu coûteux, et la restauration d'un hectolitre ne revient que de 25 à 50 cent.

Le vin tourné ou trouble, si fréquent dans le Midi, provient d'un défaut d'acide tartrique. Pour le guérir, il suffit d'y ajouter ce dont il est privé, ensuite de le chauffer, comme nous venons de le dire pour les produits piqués.

Lorsque le cru manque de tannin, qui est à peu près l'alcool, l'élément conservateur par excellence, il devient amer. Pour le rétablir, M. Lutran emploie le tannin de la noix de galle, bien que cet élément ne soit point semblable à celui du raisin. Ce dernier n'a aucun analogue ; il est très-difficile à doser et n'existe qu'en de faibles proportions dans les produits du Midi. C'est une excellente idée de la part de M. Lutran que d'avoir trouvé le moyen de remplacer le tannin de la grappe par celui de la noix de galle. Le chauffage est le complément nécessaire pour rendre une certaine durée aux vins guéris de l'amertume. En faisant ces découvertes, M. Lutran a rendu de très-grands services aux viticulteurs de la région, et nous croyons être leur interprète en lui adressant nos sincères remerciements.

Il est un autre procédé qui permet d'améliorer les vins communs et de leur donner une valeur supérieure : par exemple, on peut bonifier les crus de plaine et leur faire acquérir les qualités que possèdent ceux de coteaux en les mettant en contact avec les lies et les marcs de ces derniers. L'opération est très-courte et doit se terminer par un chauffage de 60 à 65°. M. de Martin expose quelques échantillons soumis à ce procédé, et les résultats qu'il en a obtenus sont vraiment surprenants. Avec ce système, il serait facile de donner aux produits du Midi un cachet particulier de distinction Il suffirait de diriger sur l'Hérault les lies et les marcs récoltés en Bourgogne et dans le Bordelais, et de les employer comme nous venons de le dire. Telle est du moins la théorie ; mais l'application ne serait pas toujours facile, puisqu'il faudrait faire venir dans le Midi les résidus provenant de grands crus, et qu'ils y arrivassent dans un état de conservation parfaite. Il y a donc là des questions de détail qui s'opposeront toujours à ce que la méthode dont nous parlons puisse s'appliquer sur une grande échelle.

Ce sont là quelques-unes des questions générales que soulève l'Exposition du Peyrou. Nous avons voulu seulement les poser et en faire voir les principaux éléments de solution. C'est aux viticulteurs maintenant à profiter de l'expérience acquise et à faire de nouvelles études s'ils veulent que le progrès ne s'arrête point.

Il nous reste à résumer en quelques mots l'exposition particulière des autres départements de la région, dont nous avons déjà traité tous les principaux caractères.

Les plus importants par la production sont ceux qui se trouvent sur la rive droite du Rhône. Commençons par les Pyrénées-Orientales. Ce département, qui se compose en partie du Roussillon, produit des vins rouges, des vins blancs secs et doux. La zone où se récolte les vins les plus riches en couleur et en alcool est située sur le littoral, entre Cevel et l'étang de l'Eucale. Les communes les plus importantes sont : Banyuls, Collioure, Saint-Laurent, Espiral, Rivesaltes, Cevel et l'Eucale. Les produits rouges servent pour la plupart à faire des coupages ; les blancs sont achetés par le commerce de Cette pour faire des imitations. Les cépages blancs viennent presque tous de l'étranger ; les noirs sont à peu près les mêmes que dans l'Hérault.

Pour les vins de coupage très-foncés, la médaille d'or appartient à M. Chaturion ; celle de vermeil, à M. Favre ; celle d'argent, à M. Dumas. Tous ces échantillons sont épais, pâteux et ont un léger goût de confiture fort peu agréable. Évidemment on ne pourrait les consommer en nature. Dans les plaines, on récolte des aramons qui sont beaucoup plus chargés en alcool et beaucoup plus noirs que ceux de l'Hérault. On les vend toujours de 5 à 6 fr. de plus par hectolitre. En ce qui concerne les crus blancs, après les muscats de Rivesaltes, viennent les malvoisie, les grenache et autres qui sont peu connus en France et s'exportent en Angleterre, en Espagne et dans les colonies. Le prix de ces produits varie de 70 à 100 fr. l'hectolitre.

L'Aude a fait une exposition collective organisée par le Comice de Narbonne, qui remporte une des grandes médailles du Ministre de l'agriculture. Ce département produit surtout des vins de coupage que l'on récolte sur les communes de Fabryour, Féral, Fitoux, Fleury, Argeliès, Bize et la Palme. Ils diffèrent peu, quant au goût et à la couleur, de ceux du Roussillon, et trouvent le même emploi dans le commerce. Leur prix est très-élevé. Celui de M. Auzauté, qui remporte la médaille de vermeil, est coté 28 fr. l'hectolitre, tandis que les similaires de l'Hérault ne valent que de 22 à 23 fr. Cet échantillon est plat, pâteux et a un petit goût de médecine fort déplaisant. Nous préférons de beaucoup les échantillons de M. Affre.

qui ne sont pas primés, et qui, selon nous, valent mieux que ceux de M. Auzauté. Quant aux vins blancs de l'Aude, ils sont assez médiocres, si nous en exceptons toutefois celui de M. Beneset, qui remporte une médaille de bronze, qui est coté 1 fr. le litre. La blanquette de Limoux ne justifie pas de sa vieille réputation. En dehors des vins de coupage et des blancs, il existe des échantillons de crus ordinaires qui proviennent de l'arrondissement de Carcassonne. Si ces échantillons étaient mieux fabriqués, leurs produits seraient propres à la bouche; mais, sous ce dernier rapport, il reste beaucoup de progrès à faire dans l'Aude.

Le Gard expose de nombreux échantillons provenant de Saint-Gilles et des communes environnantes, qui sont seulement bons à faire des coupages. Ces types sont noirs, pâteux, amers et ont un goût déplorable. La médaille d'or est décernée à M. Rouvière, de Vauvert, qui cote ses échantillons à 28 fr. l'hectolitre, même prix que la médaille de vermeil de l'Aude. M. le baron de Rivière, à Saint-Gilles, obtient aussi une médaille d'or. Nous passons sur une foule d'échantillons qui ont appelé la préférence du jury. Nous arrivons à deux types assez renommés dans le commerce et qui ne se vendent pas plus cher que les mauvais vins de coupage : nous voulons parler du langlade et du tavel. .. Bertrand expose des bouteilles de langlade 1867, qui est léger de couleur et qui déjà paraît vieux. Ce produit a bon goût et pourrait très-bien dès à présent entrer dans la consommation. Le tavel de la même année est encore plus agréable ; il est très-faible en couleur et réchauffe le palais. Il convient surtout aux pays froids et humides du nord de l'Europe. A part ces deux échantillons, le Gard n'a exposé que des vins de coupage. Cela est fâcheux, car l'arrondissement de Nîmes produit d'excellents ordinaires de table auxquels il ne manque que d'être bien fabriqués. Il est regrettable que les vignerons n'apportent pas plus d'intelligence dans la cuvaison de leur vendange et dans les soins que réclament les produits en fût. Il faudrait que toute la région fût parcourue par des professeurs ambulants chargés d'initier les praticiens aux meilleures méthodes. Tant qu'on n'en viendra pas là, ce pays sera retardataire.

L'exposition de Vaucluse a été faite par les soins de la Société d'agriculture d'Avignon et du Comice de Carpentras. Elle est très-complète. Elle comprend de nombreux échantillons de Châteauneuf-du-Pape et des communes environnantes, qui ont à peu près le même type. Bien qu'ils soient colorés, la plupart de ces vins vont à la consommation directe. Si le commerce les emploie pour remonter les produits trop faibles du Centre et du Nord, c'est par exception. La médaille de vermeil devait infailliblement appartenir au Châteauneuf, qui est le type le plus distingué de Vaucluse. Courthézon remporte deux médailles d'argent. Tous ces produits ont un léger goût d'amertume qui n'est point agréable. D'où provient ce défaut? C'est ce qu'on ne saura jamais, tant qu'on n'aura point fait des études pour en découvrir la cause.

Les vins blancs de Vaucluse sont de qualité très-inférieure ; ils ne peuvent, sous aucun rapport, rivaliser avec ceux de l'Hérault et des Pyrénées-Orientales. Aussi ne se trouvent-ils que faiblement représentés. Les échantillons de M. Gilles sont amers et communs. Le muscat de M. Phyllis manque de finesse ; on le dirait viné. Le grenache de M. Richier est très-ordinaire ; celui de M. Berthe est aigre; enfin, le xérès de M. Rousseau n'a aucune espèce de valeur.

Les autres départements de la région n'exposent que fort peu de chose; ils produisent d'ailleurs des vins assez ordinaires et qui, relativement, se vendent cher. Ainsi l'échantillon de Mme Argent, des Bouches-du-Rhône, s'est vendu 20 fr. l'hectolitre à la récolte. Cet échantillon est noir, mais ferme; il est alcoolique ; le goût en est franc; il a un peu de mâche ou de raideur. M. Maroger, du même département, expose des échantillons faits avec moitié d'aramon, un tiers de grenache, un huitième de mourastel. Le rendement est de 70 hectolitres à l'hectare. Il a été vendu 13 fr. l'hectolitre au moment de la récolte. Ce produit est léger, un peu raide et ressemble beaucoup aux vins de plaine de l'Hérault. Dans le Var, M. Ravel remporte une médaille d'argent pour un cru presque aussi noir que celui de Saint-Gilles, mais beaucoup moins pâteux. M. Pellicot, de Toulon, a mérité une mention honorable pour ses échantillons provenant d'un sol siliceux et obtenus par la taille courte. Il est léger, franc et agréable, et vaut 20 fr. l'hectolitre. Dans les Alpes-Maritimes, M. Chabert, d'Antibes, présente quelques bouteilles assez bien conditionnées ; son produit est léger, pas trop alcoolique et franc de goût. Les vins de M. Jaume, qui remportent la médaille de bronze, ne valent par ceux de M. Chabert.

Enfin la Corse n'est représentée que par un seul exposant et cinq échantillons. C'est M. d'Astinar, de Cervione, qui les expose. Ces échantillons sont, comme tous les crus de la Corse, noirs et surtout très-alcooliques ; ils ne titrent pas moins de 15 à 16°. Aussi lorsque les Français sont en Corse s'en accommodent-ils très-difficilement et ne peuvent-ils les boire qu'en y mettant beaucoup d'eau.

Telle est la physionomie de l'Exposition vinicole de Montpellier. Pour tous ceux qui ont pu la visiter et en déguster les échantillons, elle a offert un grand enseignement. Il faut espérer que d'autres manifestations du même genre se renouvelleront bientôt dans les autres parties de la région.

En terminant, nous ne pouvons que féliciter la Société d'agriculture de l'Hérault d'avoir pris une initiative qui doit être féconde dans l'avenir et contribuer à la richesse d'une contrée qui a pour principale industrie la culture de la vigne.

X. — DISTRIBUTION DES RÉCOMPENSES

Le Concours régional de Montpellier a été couronné hier par une fête réellement splendide. Notre promenade du Peyrou, si heureusement choisie comme théâtre de ces luttes pacifiques, offrait par elle-même un ravissant spectacle avec ses grandes lignes architecturales d'un si imposant et harmonieux caractère, ses terrasses étagées, ses beaux ombrages, merveilleux ensemble qu'une foule immense n'avait cessé d'animer depuis le matin.

A midi, M. le Préfet, président du Concours, a pris place sur l'estrade, ayant à ses côtés M. V. Rendu, inspecteur général de l'agriculture, et M. Pagezy, député et maire de Montpellier. Auprès de lui siégeaient MM. les membres du jury, M. le général Maissiat, commandant la 10ᵉ division, M. le recteur, M. l'intendant militaire, M. de Chauliac, grand vicaire, et les diverses autorités de la ville et du département assistaient également à cette solennité.

M. le Préfet a ouvert la séance par un éloquent discours, qui a été accueilli par les cris répétés de *Vive l'Empereur !* et que nous publierons demain.

M. Doniol, membre du jury, a lu ensuite son rapport sur les travaux de la Commission chargée de décerner le prix d'honneur. Après la lecture de cet intéressant et savant travail, que nous insérerons intégralement dans un prochain numéro, il a été procédé à la distribution des récompenses. A l'appel du nom de M. Gaston Bazille, lauréat de la prime d'honneur, d'unanimes et chaleureux applaudissements ont éclaté : c'était la ratification éclatante du jugement prononcé par le jury. Les autres exposants qui avaient obtenu la médaille d'or ont été successivement appelés.

XI. — PROMENADE DES CHARS

REPRÉSENTANT LES PRINCIPALES SCÈNES DE L'AGRICULUTURE

La cérémonie de la distribution des récompenses terminée, la foule s'est aussitôt dirigée sur les boulevards pour assister au défilé du cortége agricole.

Cette promenade triomphale a été retardée par un incident qui n'a eu d'ailleurs aucune suite fâcheuse : un taureau qui devait figurer sur un des chars, a refusé, au moment du départ, de remplir son rôle, et s'est précipité du haut de son piédestal roulant. Cette partie de la fête a obtenu, d'ailleurs, un brillant et bien légiume succès. Une brigade de gendarmerie, suivie d'un détachement de lanciers, ouvraient la marche du cortége. Venaient ensuite les jeunes gens des quartiers portant leurs drapeaux distinctifs au son des instruments traditionnels de nos fêtes populaires, le haut-bois et le tambourin. Après eux s'avançait un char portant une élégante et vaste corbeille destinée à recevoir les offrandes recueillies par des cavaliers civils et militaires, qui s'acquittaient avec une bonne grâce parfaite de leur charitable mission. Derrière ce char marchaient les administrateurs des hospices et du bureau de bienfaisance.

Le défaut d'espace et de temps ne nous permet pas de décrire les divers chars symboliques qui ont défilé aux applaudissements de la population. On a surtout admiré les deux chars agricoles portant un bœuf et une vache dignes des sacrifices divins de la Grèce antique ; le char des maraîchers, montagne de légumes du plus beau choix ; le char des moissonneurs, où se dressait une gerbe d'une opulence qui ferait honneur même à un pays de céréales. Notre grande production vinicole avait d'ailleurs son représentant dans le char où figuraient des tonneaux de diverses dimensions, — moins nos foudres colosses toutefois, — avec les tonneliers en activité de fabrication. Comme un hommage plein de courtoisie rendu par la guerre aux travaux de la paix, s'avançaient deux chars emblématiques, dont le martial caractère contrastait de la manière la plus heureuse avec les précédents : le char de l'état-major et celui du 3e régiment du génie.

La pensée qui avait inspiré ce rapprochement ingénieux à l'occa-

sion de la fête de l'agriculture, si dignement couronnée par une
œuvre de charité, répondait parfaitement aux sentiments de notre
population, qui se sont, à diverses reprises, traduits par les manifestations les plus sympathiques. Ces applaudissements s'adressaient
avec un intérêt particulier aux jeunes orphelins de l'établissement de
Boutonnet, qui figuraient, sous de gracieux costumes, sur les chars
agricoles. Arrivés devant l'hôtel de la division militaire, ces enfants
ont été présentés au général Maissiat, auquel ils ont adressé leurs
remerciments au nom des pauvres.

Après cet incident, le cortége a continué de suivre son itinéraire
dans un ordre parfait, au milieu des flots de la population charmée
de ce curieux et pittoresque spectacle, qui a fructueusement atteint
son but de charité.

Aux remerciments que nous adressons aux organisateurs de
cette fête, nous devons ajouter des félicitations spéciales à M. Vi-
dal, qui avait généreusement prêté les instruments agricoles du
cortége.

A huit heures et demie, une foule immense est venue admirer
les brillantes illuminations qui donnaient à la promenade du Peyrou
une pittoresque et poétique physionomie.

XII. — DISCOURS DE M. LE PRÉFET

Voici le discours que M. Garnier, préfet de l'Hérault, a
prononcé, dimanche dernier, dans la séance publique tenue au
Peyrou pour la distribution des récompenses aux lauréats du
Concours :

MESSIEURS,

Les merveilles de l'industrie, les immenses progrès des sciences
appliquées aux arts, sont assurément un des spectacles les plus
saisissants de notre époque, un des plus légitimes sujets d'orgueil
de notre pays. Il y a quelques mois à peine, Paris conviait le
monde à en contempler la grandeur et les enseignements, et la
France forçait l'admiration des peuples dans cette Exposition universelle de 1867, qui restera comme un des monuments du
XIXe siècle, comme une des gloires du règne de Napoléon III.

Est-ce à dire que l'activité de la nation soit tout entière détournée des travaux des champs, que l'agriculture soit moins florissante et moins honorée ? Non, Messieurs : l'agriculture, qui a été autrefois la seule richesse des peuples, en est toujours la force et la base ; c'est le patrimoine de la France le plus sûr et le plus solide. Dans ce trésor intarissable, le commerce et l'industrie viennent puiser des ressources toujours nouvelles, et, par un providentiel échange, leur fortune elle-même contribue à l'enrichir. Il semble que dans l'économie sociale son rôle soit celui de l'Océan dans le monde physique. Réservoir immense, la mer fournit à l'atmosphère la vapeur d'eau qui, en se condensant sur les continents terrestres, y répand la vie et la fertilité ; puis, mille ruisseaux, mille rivières et mille fleuves lui rapportent le tribut fidèle de leurs eaux. De même, tout naît de l'agriculture, et tout y retourne. C'est une des lois conservatrices du monde qui portent le plus profondément l'empreinte de la prévoyance divine.

Ne nous étonnons donc pas, Messieurs, de la faveur la plus en plus marquée qu'obtiennent les Concours régionaux, des manifestations auxquelles donne lieu partout la glorification du travail des champs. Sur ce sol, qui doit tant à la nature, et tant aussi à vos soins, ces sympathies éclatent plus éloquemment encore. En répondant à votre appel, les populations de cette belle région méditerranéenne n'ont pas obéi au seul attrait de la curiosité : un sentiment supérieur les domine, et leur présence est un hommage rendu à l'agriculture, dont elles sont les énergiques soldats.

Comment, d'ailleurs, pourraient-elles rester insensibles aux bienfaits, aux progrès du travail agricole ? Notre département n'a-t-il pas vu depuis quinze ans la valeur de la propriété s'élever dans une proportion inconnue au reste de la France ? L'enquête agricole a établi que la valeur du sol dans l'Hérault a acquis une augmentation considérable dont profitent surtout les points consacrés à la culture de la vigne. Elle a démontré que depuis dix ans plus de 40,000 hectares de terrain ont été plantés de vignes, que cette culture recouvre plus de 1,600 kilomètres carrés, que la production moyenne s'est élevée de 30 à 40 hectolitres par hectare, que la plus-value et l'augmentation des produits donnent un chiffre de 23 millions.

Nous sommes loin, vous le voyez, du temps où les fruits de la vigne étaient, pour la plus grande partie, destinés à l'alambic. Avec la consommation des vins en nature, des avantages bien autrement considérables vous sont assurés et récompensent vos efforts. Et cependant la distillation était déjà un progrès ! Vous l'avez constaté vous-mêmes, vous l'avez glorifié, en élevant une statue à Edouard Adam sur l'une des places publiques de Montpellier.

Parler de résultats si saisissants, c'est réveiller en vous les sentiments de reconnaissance pour le gouvernement, qui, d'une part, a eu la volonté et la force de briser les entraves, de l'ancien régime économique, et, de l'autre, en couvrant la France d'un réseau de voies ferrées, l'a dotée de l'instrument le plus actif de richesse et de civilisation.

Ces grandes lignes, cependant, n'auraient pas suffi, tant la richesse publique s'est accrue. L'Empereur a voulu favoriser la création de chemins de fer départementaux. Une loi, due à son initiative, a garanti à ces entreprises nouvelles les subventions de l'Etat. Grâce à ces encouragements, le département de l'Hérault aura bientôt son réseau d'intérêt local, qui sera aux cantons du département ce que les chemins de fer de l'Etat ont été au département lui-même.

Ce n'est pas tout. La vie rurale a des besoins plus immédiats. Comme dans le corps humain, à côté des artères vitales, l'œil étonné découvre un nombre infini de canaux secondaires, d'imperceptibles vaisseaux qui tous coopèrent à la circulation du sang; ainsi, pour l'écoulement des produits, des plus petites communes aux cantons les plus importants, il faut étendre, multiplier le nombre des voies de transport. A ce prix seulement la vie agricole atteindra son développement complet. La haute sagesse du Souverain l'a compris : elle a fait mieux, Messieurs, elle l'a résolu, et bientôt une loi féconde réalisera, dans chaque commune, la pensée de l'Empereur.

De tels résultats sont la consécration la plus haute d'un règne. Vainement des esprits passionnés ou prévenus essayeraient-ils d'en amoindrir l'importance. La passion ne peut longtemps obscurcir la vérité. Aveugles ceux qui, pour glorifier le temps passé, se feraient les détracteurs des progrès économiques et contesteraient, pour le temps présent, l'augmentation du bien-être des masses. Sans doute, les populations des campagnes sont éprouvées en ce moment par les troubles climatologiques qui inquiètent notre agriculture. Mais remontons à vingt années seulement : la France attendait comme aujourd'hui de l'étranger les céréales qui lui manquaient ; les voies de terre ne suffisaient pas à répartir dans l'intérieur les immenses arrivages que recevait Marseille; le prix du blé s'élevait à 45 fr. l'hectolitre ; l'inquiétude était générale ; la disette touchait à la famine. Aujourd'hui, dans des circonstances semblables, par le simple jeu du commerce, et grâce à la puissance locomotrice des chemins de fer, tous les marchés de la France sont approvisionnés ; les mercuriales n'accusent pas de différences sensibles dans les cours des différentes villes ; le prix du blé n'a pas dépassé 34 fr. Si l'équilibre entre sa valeur et le salaire a été altéré, nulle part, du moins. les alarmes n'ont envahi la population.

Privilégiée par son sol, par son climat, par la nature de ses produits, par les circonstances qui ont favorisé l'expansion de la viticulture, la région méditerranéenne puise sa vitalité dans cette race de vigoureux cultivateurs chez lesquels l'intelligence est si vive et le cœur si généreux.

Mais ce n'est pas au milieu d'eux seulement que l'agriculture est en honneur. Les hommes favorisés par l'éducation, la fortune et la situation sociale, se sont mis résolûment à leur tête. Ils ont pris la direction du mouvement et consacrent aux mêmes soins leur fortune et leurs facultés. Unissant la science à la pratique, ils demandent à leur expérience et trouvent dans leurs études les moyens d'augmenter la production du sol.

Le temps n'est plus où le travail de la terre était relégué au dernier rang, où de faux préjugés en détournaient les classes riches. De grandes notabilités s'y dévouent et l'encouragent. Il n'est pas de Concours régionaux où les noms les plus illustres ne retentissent à côté des plus modestes.

Ces exemples si louables et si salutaires, Messieurs, nous les trouvons auprès de nous, au sein de cette Société centrale d'agriculture de l'Hérault, qui réunit l'élite du département et qui en personnifie les forces actives et intelligentes. Hier un de ses membres [1] les plus distingués obtenait un des grands prix de l'Exposition universelle. Un second [2], que je n'ai pas besoin de désigner à vos chaleureuses sympathies, va recevoir aujourd'hui, au bruit de vos applaudissements, la Prime d'honneur décernée à l'exploitation agricole la plus complète et la mieux dirigée. D'autres encore verront leurs mérites divers récompensés, soit par des médailles exceptionnelles, soit par des prix obtenus au Concours.

Honneur à vous tous, laborieux propriétaires et cultivateurs, qui demandez au sol de notre pays les richesses enfouies par la Providence ! La fable ancienne raconte qu'Hercule ne s'empara des pommes d'or du jardin des Hespérides qu'après avoir terrassé le dragon aux cent têtes à qui la garde en était confiée. L'imagination méridionale aidant, nous ferons revivre la fable de l'antiquité. Les demi-dieux ne sont plus ! mais vous, hommes de progrès, vous avez accompli le travail d'Hercule en terrassant l'oïdium, et vous avez conquis les trésors des Hespérides que vous donne la vigne purgée du fléau dévastateur.

[1] M. Henri Marès.
[2] M. Gaston Bazille.

Si de ce côté la victoire est complète, la tâche reste presque entière, malheureusement, pour délivrer notre contrée d'un fléau non moins affligeant, la maladie des vers à soie. Mais ne désespérons ni de la science, ni de l'avenir. Donnons courage à ces intéressantes et patientes populations des Cévennes ! Non, la science ne sera pas vaincue ! Partout le problème est à l'étude. Pendant que les hommes pratiques se livrent à des expériences suivies avec zèle et persévérance, les savants les plus autorisés s'appliquent à chercher le secret du mal et à en découvrir le remède. Que les sériciculteurs aient confiance ! Leurs efforts triompheront, et là encore l'appui du gouvernement ne fait pas défaut !

Si les lauréats du Concours ont droit à mes félicitations et à mon cordial éloge, il ne saurait m'appartenir au même degré de parler de leurs travaux. Je laisserai aux juges éminents de cette lutte pacifique, à M. l'inspecteur général et aux membres des différents jurys, l'honneur et le soin de rendre compte des résultats de l'examen consciencieux et éclairé qui a présidé au classement des animaux, des machines et des produits agricoles. Eux seuls ont une suffisante autorité pour exposer les titres des concurrents à la Prime d'honneur et les considérations qui ont dicté leur choix. Leur œuvre n'était ni simple, ni facile. Pour distinguer le plus méritant, ils avaient à exercer leur attention et à porter leur jugement sur des domaines placés dans des situations différentes et dans des conditions peu homogènes, conséquence naturelle de la diversité des climats, des terrains et des cultures dans le département de l'Hérault. Leur décision, je n'en doute pas, sera ratifiée par l'opinion publique, qui aura non-seulement des applaudissements pour le vainqueur, mais des encouragements pour ceux qui l'ont suivi de près.

Quant à moi, Messieurs, un privilége m'est réservé : celui de remercier M. l'inspecteur général et MM. les membres des différents jurys pour les soins, le zèle et le dévouement qu'ils ont apportés dans l'accomplissement de leur importante mission. Vous connaissez tous leurs lumières et leur haute impartialité. Elles ajoutent encore à l'autorité de leur jugement.

Permettez-moi aussi, Messieurs, d'applaudir à l'heureuse et féconde pensée qui, au concours principal, a voulu et su réunir d'autres concours non moins dignes d'intérêt et d'études. L'administration ne saurait avoir trop de remercîments pour les hommes éclairés qui ont cherché et réussi à mettre en relief, par des expositions spéciales, d'un côté, tout ce qui dérive de la culture de la vigne, de l'autre, les ressources que la région peut offrir à la production chevaline et à l'engraissement des animaux de boucherie.

Auprès des richesses agricoles, vous aimez à reposer vos regards sur une exhibition d'une nature plus gracieuse, l'exposition florale, où sont étalées avec tant de goût les charmantes conquêtes de notre horticulture. A côté de ces fruits et de ces légumes, dont la culture importe au bien-être de tous, les organisateurs du Concours ont placé, par le plus grand plaisir des yeux et la plus vive satisfaction des natures délicates, tout un jardin de fleurs épanouies sous ce beau soleil du Languedoc, à qui elles doivent et l'éclat de leurs couleurs et le charme de leur parfum.

A une époque où les efforts de l'Etat tendent à favoriser le mouvement progressif de l'agriculture et la diffusion des connaissances scientifiques les plus utiles, il était rationnel de faire coïncider avec le Concours régional l'exposition des travaux des écoles primaires communales. Votre intérêt, Messieurs, s'est attaché à cette exhibition, modeste sans doute, mais digne de vos encouragements et pleine d'espérances. Vous applaudirez avec nous aux progrès d. cette jeune génération, qui doit faire à son tour la force du pays.

Les arts ne pouvaient être oubliés dans une ville qui possède comme Montpellier une collection de modèles précieux et compte des amateurs intelligents, des peintres distingués, dont plusieurs sont placés au premier rang sur un plus grand théâtre. Nous devons à la Société des Amis des arts une intéressante exposition qui procurera aux visiteurs du Concours des diversions agréables et obtiendra certainement les suffrages réunis du public et des artistes. L'art n'est, d'ailleurs, qu'une manifestation du travail dans ce qu'il a de plus pur et de plus noble. A quelque degré de l'échelle qu'il soit placé, depuis le champ du laboureur jusqu'aux régions élevées de l'idéal, le travail honore l'homme et le grandit. Il est du devoir et de la dignité de nos provinces méridionales de l'encourager et de l'honorer.

Rien ne manque à cette fête : ni l'empressement sympathique de la foule, ni l'attrait des divers concours, ni les séductions puissantes de la nature.

Quel plus beau théâtre pouvait être choisi ? D'un coup d'œil, notre regard peut embrasser les rivages de la Méditerranée, les plaines où la vigne étale ses pampres luxuriants, les collines où l'olivier et le mûrier fertilisent un sol ingrat en apparence ; enfin les montagnes et les plateaux élevés qui nourrissent les animaux et les troupeaux dont les plus beaux types figurent à notre Concours !

Les sentiments de satisfaction que chacun de vous emportera de cette fête seront la récompense de l'intelligente municipalité qui en a dirigé l'organisation avec une si vive sollicitude et un succès si complet. Ils seront un suffrage précieux pour l'homme placé à sa tête[1]. Depuis longtemps il a bien mérité du pays et de l'agriculture, car vous retrouvez en lui un des chefs de cette phalange éclairée et convaincue qui a fait triompher les libertés commerciales et écomiques, auxquelles le Languedoc doit la plus grande partie de sa prospérité.

Votre reconnaissance montera plus haut encore : elle ira chercher sur le trône le protecteur le plus puissant de l'agriculture, l'Empereur, qui se préoccupe si vivement des besoins des campagnes et du sort des populations rurales. L'histoire de Napoléon III sera celle des classes laborieuses, s'élevant, par un travail énergique, dans l'ordre politique et social, sous la protection des institutions démocratiques.

Couronnons donc cette fête patriotique par le cri de reconnaissance et de dévouement qui, depuis soixante ans, trouve un écho dans tous les villages, dans toutes les chaumières.

VIVE L'EMPEREUR !

XIII. — RAPPORT DE M. DONIOL

SUR LA PRIME D'HONNEUR

MESSIEURS,

Lorsque les générations qui viendront après nous céderont au travers commun à toutes de décrier leur temps, elles vanteront dans le nôtre le large avénement à la richesse qu'il a ouvert aux populations agricoles, et le département de l'Hérault leur apparaîtra comme une des contrées de la France où ce grand fait social aura eu le plus de puissance et de résultats. On dirait que ce pays tout entier a pris conscience le même jour des lois nouvelles que la révolution des chemins de fer prescrivait à sa production. Il s'est porté d'ensemble au-devant d'elles. Il a fait deux grandes parts de son sol, les deux parts que la nature et le climat indiquaient, demandé à chacune son produit propre ; et production animale des hauts plateaux, production viticole de la pleine et des coteaux inférieurs, ont tout d'un coup grandi parallèlement, avancé dans des progrès pareils, fournissant chacune une denrée à débouchés immenses, un élément de préparations industrielles pleines de profits, la ma-

[1] M. Pagezy.

5

lière d'un vaste commerce, le moyen de salaires généreux et constants. Doubler en moins d'une génération son capital foncier et son fonds d'exploitation, tandis que partout en même temps sa population trouvait l'aisance qui élève et se créait le solide avenir dérivé d'une agriculture riche : voilà ce qu'a fait l'Hérault. Appliquant avec éclat ses traditions intellectuelles aux entreprises dont la vie moderne s'anime, il s'est donné la supériorité dans les choses économiques après celle de la science.

Nous ne nous sommes pas vus sans quelque fierté de notre mission appelés à juger ce département. Nous l'avons étudié avec un vif intérêt, et nous étions heureux de le faire [1]. Nous y revenons séparés à tout jamais de collègues en qui l'aménité la plus grande s'unissait à des connaissances précieuses et à un zèle ardent. Au moment de vous rendre compte des visites que nous fîmes ensemble, leur souvenir augmente nos regrets. Qu'il nous soit permis de le dire d'abord : l'agriculture méridionale avait dans M. l'abbé Fissiaux quelqu'un d'infiniment dévoué à ses efforts, les principes d'exploitation auxquels le département de l'Hérault doit ses succès trouvaient en M. Riondet un de leurs défenseurs les plus autorisés par les lumières de l'esprit.

L'année dernière, le Concours des exploitations avait été modifié en un point : la liste des domaines concurrents était dressée par une Commission départementale, avant le passage du Jury. Cette Commission n'avait pas le pouvoir d'exclure ; le Jury restait libre de maintenir candidat le concurrent qui le demandait, et le cas s'est présenté pour nous; mais le Concours se trouvait allégé des opérations minimes ou pas assez développées pour entrer en lice ; les concurrents que la Commission désignait avaient des titres par cela seul, et le Jury pouvait multiplier les distinctions sans paraître prodigue.

La Commission de l'Hérault a présenté à notre examen neuf propriétés sur les quinze qui avaient sollicité sa visite. Deux de ces neuf propriétés étaient désignées par elle comme ne devant appeler l'attention que sur des œuvres toutes spéciales : celle du chalet de Lattes, à M. Sahut, et celle de la Calmette, à M. Bouschet. Nous

[1] Le Jury, présidé par l'Inspecteur général, M. V. Rendu, était composé de MM. Bounin (Alpes-Maritimes), de Gasquet (Var), l'abbé Fissiaux (Bouches-du-Rhône), Riondet (Var), de la Loyère (Saône-et-Loire), Tochon (Savoie), Sarda (Aude), Cuillié (Pyrénées-Orientales), H. Doniol (Alpes-Maritimes). Elle avait pour secrétaire M. Gaston de Gasquet fils.

leur avons adjoint celle de la Malvinède, près de Béziers, dont le propriétaire, M. Argence, a persisté à appeler le Jury.

Pépinière du chalet de Lattes

Au chalet de Lattes, il n'y a que des pépinières et des écoles d'arbres ; mais on voit de belles collections, qui ont droit de cité dans une région où les fruits de table, les cultures arbustives, les fleurs mêmes, occupent de grandes surfaces. On y trouve de très-intéressantes études d'espèces, des expériences de taille en vue du climat, quelques-unes nouvelles et tout à fait heureuses, telles que la taille tabulaire du pêcher de plein-vent, qui rendra un grand service aux vergers des contrées méridionales. Il y a aussi un choix d'arbres forestiers qui répond aux besoins de reboisement. Le Jury ne doute pas d'être approuvé en attribuant une médaille d'or aux écoles arbustives de M. Sahut.

Vignes du marais de la Malvinède

Chez M. Argence, comme chez M. Bouschet, il s'agit de la production typique du littoral méditerranéen. Le premier nous amène dans des plantations de vignes au bord de cette plaine de Béziers qui est un des lieux par excellence de la vigne, et l'on arrive à la Calmette en traversant les vignes à perte de vue de la plaine de Mauguio.

M. Argence avait malencontreusement acheté 13 hectares dans la plaine marécageuse de Villeneuve-lez-Béziers. C'est un sol argileux, inondé, où l'absence de pente et le niveau de la mer empêchent l'assèchement[1]. M. Argence a perdu 1,700 fr. par an, pendant dix ans, à y cultiver la luzerne et les céréales. La hardiesse lui est venue de le planter en vigne, et, en dépit des préjugés, que sanctionnait le nom local de Malvinède, en dépit des pronostics, il s'est assuré ce que toute propriété doit avoir pour ne pas être la plus absurde des charges : nous voulons dire des produits et des bénéfices.

Le secret est dans l'entente et les soins. Il n'y a pas de terres interdites à l'activité de l'homme : il n'y a qu'une question d'intelligence

[1] La pente est de 1 centimètre pour 1,000 mètres

.et de moyens. Les ténements que le passé a crus les plus impropres deviennent successivement les plus remplis de fruits. Seulement , à toute date, l'opinion générale en est presque toujours au passé, à leur égard, et c'est ce qui avait lieu pour la Malvinède.

L'humidité , les eaux refluantes , la gelée, une production vivace d'herbes palustres, ces fléaux ruinaient M. Argence; ils ont disparu. Il a suffi d'ouvrir et de tenir bien récurés des fossés parallèles , à 50 mètres l'un de l'autre, et de les faire communiquer tous au même collecteur [1]. L'eau circule, il n'en faut pas davantage. C'est un témoignage de plus en faveur du phénomène de fécondité qui se voit dans des marais du centre de la France traités de même [2], et qui a procuré des résultats considérables dans la Campine belge. Après cela, cultiver en élevant les bandes de vignes en ados, faciliter l'écoulement des eaux d'hiver par de simples rigoles . élever un peu la tige des ceps pour qu'aucun raisin ne touche à terre, épamprer à temps pour empêcher la pourriture, et la production est devenue certaine. Le Jury a vu les jeunes vignes de la Malvinède chargées de raisins. Dans les trois années 1864 à 1867, elles avaient donné déjà la moyenne de 66 hectolitres à l'hectare, et la récolte de 1867 a été de 100. M. Argence ne calcule pas à moins de 8 0/0 le taux de produit du capital de 85,000 fr. engagé dans son opération, qui est encore récente. On ne voit pour lui que des chances d'accroissement.

Devons-nous reprocher à ce propriétaire ses ceps haut montés, quelques-uns, jusqu'à 50 centimètres? En terrain ordinaire, ce serait vicieux : ici, c'est une trouvaille d'où le succès découle. Si l'on craint que la vigne ne dure pas autant qu'ailleurs, elle aura largement rémunéré avant de finir. Dans le Concours de cette année, M. Argence n'est pas le seul pour qui ce calcul constitue un titre. Nous hésitons d'autant moins à le lui reconnaître, que chez lui le fini du travail est aussi complet que possible : on se croirait dans un de ces vignobles de l'Aude si remarquables par l'ameublissement et la propreté du sol. L'ordre d'une exploitation raisonnée, une comptabilité régulière, tout ce qui fait réussir s'y rencontre [3].

Cette plantation de vigne à haute tige. dans les ténements con-

---

[1] C'est en tout une longueur de 3,500 mètres de fossés.

[2] A Bourges notamment.

[3] M. Argence a réparti les cépages en 3/4 d'aramon, 1/4 de morastel, brun-fourcat et mauzac-teinturier. Il fume à raison de 5,000 kilos à l'hectare (20,000 pour quatre). principalement au moyen de composts fabriqués avec les récurements des fossés. C'est un terrage fécond, qui a de plus l'avantage d'exhausser continuellement les ados.

damnés de la Malvinède, constitue donc un bon exemple. Ce n'est
rien faire de trop que de lui attribuer une médaille d'or.

Les études de cépage de la Calmette

Le visiteur se sent attiré à la Calmette par les expériences d'hybridation et les créations de cépages dont la vigne y est depuis quarante
ans l'objet. M. Bouschet de Bernard et M. Henri Bouschet, son fils,
n'ont cessé, durant tout ce temps, de s'y livrer à ce genre de travaux,
plus profitables au public qu'à leurs auteurs. Nous ne serons pas
les premiers à en proclamer le mérite : une médaille d'or toute spéciale leur a été décernée par le Ministre de l'agriculture, qui en avait
demandé la constatation à la parfaite compétence ampélographique
de M. l'Inspecteur général V. Rendu. Nous nous plaisons toutefois
à ajouter notre témoignage à ceux que ces travaux ont déjà reçus.

M. Henri Bouschet ne s'est pas borné à aider son père dans la
patiente éducation du plant qui porte le nom de *Petit-Bouschet*, et
que les viticulteurs de ce pays apprécient comme unissant à la fécondité de l'aramon, sur lequel il a été hybridé, le suc rouge em-
prunté au teinturier[1] : il a continué les investigations comme une

---

[1] M. V. Rendu a décrit ainsi le Petit-Bouschet : « Tige demi-étalée;
sarments couleur cannelle, à mérithalles rapprochés, très-vigoureux;
feuilles presque entières, à nervures violet foncé au point d'intersection et
jusque dans les plus petites ramifications; pétiole gros, très-coloré; grappe
ailée, conique; grains ronds, un peu moins gros que ceux de l'aramon,
très-pruinés; pédicelles rougeâtres; suc d'une couleur rouge très-intense,
semblable au sang de bœuf; saveur vineuse très-prononcée, légèrement
âcre; à la maturité parfaite, les feuilles se colorent en rouge vif comme
celles du teinturier. Très-précoce et très-fertile, depuis quinze ans, dans
un sol siliço-argileux. Jeune, son vin a de la légèreté, de la fraîcheur et
un bouquet à lui; au bout de quelques années, il se rapproche du bordeaux, mais avec plus de montant; au bout de douze ou quinze ans, on
le comparerait à du malaga sec, bien supérieur aux imitations qui se
fabriquent. »
Les procédés d'hybridation de M. Bouschet ont été fort simples. Il s'est
borné à mettre en contact les grappes des deux sujets à l'époque de la
floraison. Ce moment ne coïncidait-il pas chez les deux ceps en expé-
rimentation, il retardait le plus précoce en le privant de lumière au
moyen d'une tuile. La fécondation opérée, il séparait les grappes hybri-
dées et les rendait à leur allure naturelle. La greffe et le semis on
ensuite multiplié le cépage obtenu.

hérédité précieuse et étendu les découvertes. A côté de 10 hectares de Petit-Bouschet en plein rapport, la Calmette nous a fait voir, au compte personnel de M. Henri Bouschet, une vaste collection de vignes, 1,200 variétés de tout pays, rapprochées pour l'étude et les expériences, puis des semis considérables opérés en vue de chercher les raisins de table les plus avantageux à produire.

Dans ces études à la fois de physiologie végétale et de pratique, la minutie des soins et des observations se rencontre avec les confirmations que la culture exige. Les sacrifices, bien plus, sont visibles, car on a dû perdre pour elles beaucoup de récolte, employer beaucoup de main-d'œuvre. Vingt-cinq variétés à suc rouge ont été ainsi produites, fixées et décrites par M. H. Bouschet, dans leurs caractères ampélographiques et leurs conditions culturales [1].

A notre tour, nous voulons signaler par une médaille d'or ces recherches passionnées. Nous honorerons ainsi ce qui ne peut vivre que d'honneurs dans notre pays : l'étude, l'étude pour les autres ; nous aurons en même temps la satisfaction profonde de récompenser un genre de travaux dont le premier lauréat de la Prime d'honneur de l'Hérault, le digne M. Cazalis-Allut, avait inspiré le goût en en donnant si bien l'exemple.

Des sept exploitations auxquelles la Commission départementale avait ouvert le champ de la Prime d'honneur, une a été retirée avant la visite, en sorte que dans ce département, d'une si grande importance agricole, il n'est resté que six concurrents. Un des arrondissements, Saint-Pons, n'en a aucun. L'exploitation viticole n'est pas représentée en proportion de son étendue, et l'industrie fromagère du Larzac, avec ses grands troupeaux, ne se montre que de loin dans une propriété naissante.

Nous avons regretté avec la Commission l'absence d'agriculteurs que l'opinion désignait les premiers pour concourir. L'abstention prive l'exemple de la publicité qui le répand, favorise dès lors les errements vicieux; il faut s'élever contre elle. Toutefois la liste des concurrents n'offre que des noms très-dignes de s'y voir :

L'exploitation de M. Jules André, à Lodève et sur l'Escandorgue :
Celle de M. Gaston Bazille, à Saint-Sauveur, près de Lattes :
Celle de MM. Bouscaren père et Emile Bouscaren, à Gigean :

[1] Il faut citer surtout l'*alicant-Bouschet*, puis l'*espar* et le *morastel-Bouschet*. Comme raisin précoce, nous indiquerons ici l'*œillade du 1er août*; c'est un excellent fruit de table et de vin, voire pour d'autres climats que le Midi.

Celle de M. Edmond Duffour, au Bosc, près de Vias ;

Celle de M. Portalou de Rozis, à Loupian, près de Mèze ;

Celle de M. Ulysse Sauvajol, au mas de Desferre, près de Lunel.

Voilà cette liste, d'après l'ordre naturel des lettres. On y reconnait dès l'abord des cultivateurs déjà réputés. Plusieurs figuraient au Concours de 1860, ce qui atteste la constance de leurs travaux et donne au Concours d'aujourd'hui une sanction qui n'est pas sans prix. Le jugement prenait donc une difficulté de plus. Nous n'avions à faire que des démarcations relatives, et ce sont les plus délicates. Nous nous sommes préoccupés d'élever les exigences afin d'élever le progrès, convaincus que nos décisions n'auraient que plus d'écho dans vos esprits.

MM. BOUSCAREN , au domaine de Gigean
et M. de ROZIS, aux Camelliers.

Le domaine de Gigean contient 46 hectares de vignes, par grands morceaux détachés. Vous trouverez que nous ne sommes que justes en disant que si les agriculteurs de cette région ont dû à quelqu'un des indications utiles, des écrits agricoles appropriés, c'est particulièrement à M. Bouscaren père. Il a associé à l'exploitation de Gigean un de ses fils, M. Emile Bouscaren; mais sa direction supérieure y persiste.

M. Bouscaren est un des concurrents dont la présence au Concours de 1860 attribue à celui d'aujourd'hui le cachet de suite qui en accroît l'intérêt. Une médaille d'or lui fut attribuée pour le rajeunissement de son vignoble du Terral par le moyen du recépage. Evidemment, nous avions affaire chez lui à des choses qui ne pouvaient être médiocres.

Pourtant tout a beaucoup changé en agriculture, dans la vigne surtout. La supériorité s'y acquiert à bien plus de prix qu'autrefois. Infiniment plus de cultivateurs raisonnent leurs travaux, et l'on peut se voir dans les seconds rangs, à l'heure actuelle, sans que le mérite manque. Il faut maintenant aux vignobles la végétation vigoureuse qui garantit l'abondance ; il faut cette croissance permanente des rendements qui seule assure les bénéfices. Là où ne s'attestent pas les généreuses fumures et les œuvres répétées qui triomphent des oscillations du climat, qui garantissent la progression continue malgré les circonstances extérieures, le propriétaire peut encore se sentir satisfait et, dans une mesure, rester un propriétaire éclairé : mais on n'ose plus proposer son exemple aux autres.

Il ne nous a pas paru que ces exigences d'à présent fussent assez remplies dans le domaine de Gigean. Le voisinage y rend difficile. La petite propriété fait voir là, avec le plus d'éclat peut-être de toute la France, ses prodiges de rendement et de richesse. L'énergie du travail, le fini des œuvres diverses de la vigne, n'atteignent nulle part au même degré, de sorte que la moindre défaillance ressort comme une tache. M. Bouscaren père a appris beaucoup de choses à ces propriétaires parcellaires devenus si forts ; il leur en apprend encore. Nous aimons à lui rendre publiquement cet hommage. Une école de cépages ; 10 hectares drainés régulièrement par tuyaux ; des rases d'écoulement avec temps d'arrêt pour retenir la terre et cultivées comme le sol de la vigne pour détruire les herbes : un cellier bien à l'abri du jour, plafonné, pourvu de pompes mobiles, réunissant dès lors des conditions de fraîcheur et de bonne manipulation qui ne sont pas communes dans l'Hérault : voilà de bons détails. Ils constituent des leçons utiles, même dans ce lieu si en progrès. Mais, sauf cela, il faut bien le dire, tout le voisinage l'emporte. Or la grande propriété perd ses titres dans les Concours, quand c'est la petite qui l'enseigne.

M. Portalon de Rozis a fait des opérations judicieuses dans son domaine des Camelliers. 4,600 mètres de murs de clôture provenant des terres y représentent une excellente préparation du sol. Il a chassé absolument les céréales, sacrifié ou cantonné l'olivier, pour donner au vignoble tout le terrain arable. 28 hectares remplacés ou plantés y sont son œuvre propre. 300 hectares de garigues, où 600 têtes de bêtes à laine se nourrissent six mois durant, lui assurent une bonne rotation quadriennale d'engrais. Avec des vignes qui ne sont pas encore toutes dans le bon âge de production, il paraît avoir atteint la moyenne de 127 hectolitres à l'hectare, et l'on trouve chez lui un beau mobilier vinaire, un cellier qui n'a que le défaut trop répandu d'être ouvert jusqu'au toit et desservi par des pompes fixes. Mais il est trop visible que les produits pourraient s'élever beaucoup plus. Hormis dans une plantation de six ans, qui avait été faite sur luzerne, la végétation n'avait pas l'apparence que comportait le terrain, l'âge des ceps. Les herbes vivaces se voyaient dans les meilleures vignes. Le sol était plus meuble et ameubli, plus profond que dans le domaine de Gigean, mais décelait encore que le travail avait manqué de fréquence et d'à-propos.

On nous a dit plusieurs fois, dans le cours de nos visites, que le travail des vignes par les bras était moins onéreux que celui des attelages. M. de Rozis a même fait de cette opinion le principe de sa culture, et M. Bouscaren la met en pratique. Tout dépend de la quantité de travail que l'on donne. Il n'y a qu'un principe vrai : le travail cher est celui qui rémunère mal. Pour ne pas faire ici de thèse, nous ne dirons qu'une chose, c'est que les résultats qu'on nous a montrés ne témoignaient pas que les œuvres eussent suffi. Au seul point de vue de la comptabilité rurale, un travail de bras laissant subsister les herbes vivaces ou ne donnant qu'un sol dur, quoique propre en apparence, est, en matière de vignes, un travail onéreux.

A coup sûr, la preuve est assez pleinement faite de travaux d'attelages aussi rémunérateurs pour cette culture que celui des bras. Une des exploitations du Concours va tout à l'heure ajouter la sienne. Ces travaux-là se peuvent donner souvent ; la fréquence supplée en eux au fini que ceux du petit cultivateur font voir. C'est une erreur, dans la grande propriété, que d'appliquer les procédés de la petite. Celle-ci y réussira toujours mieux, et les mettra à plus haut prix par le fait seul de sa réussite. Ce qu'il faut lui emprunter, c'est son principe : l'intensité, la répétition, presque la continuité des œuvres. Elle sait à merveille que « l'abondance des raisins provient de la précédente dépense », ainsi qu'Olivier de Serres le disait déjà en son temps d'après les anciens, et que « c'est » autant qu'on veut que la vigne porte » : voilà ce qu'on doit imiter en elle. On a eu, on peut avoir encore, dans les départements méditerranéens, de grands revenus par la vigne sans beaucoup de travail : question de débouchés, question de prix généraux, question d'une grande surface en terres neuves où la vigne progresse activement d'elle-même. Mais cela a changé déjà et changera encore. Les seules pratiques à vanter, les seules à déclarer exemplaires, sont celles qui sont propres à faire face à la situation qui vient. Celles-là seules rémunéreront, premier et fondamental but d'une agriculture sérieuse ; seules aussi elles enseigneront le petit cultivateur, et c'est l'autre but à toucher.

Cette propriété parcellaire, avec ses infatigables labeurs de mains, n'est, en effet, qu'un état transitoire. Elle emploie encore à s'étendre tout le capital qu'elle dégage. Qu'on lui montre d'autres leviers efficaces, d'autres moyens d'action ayant les résultats de ses bras sans coûter les sueurs et le temps qu'ils demandent, et elle emploiera bientôt ce capital à s'outiller pour exploiter avec plus de fruit. En existe-t-il une preuve plus frappante que ce village de Gigean ? Il y a vingt-cinq ans, c'était un lieu de journaliers pauvres, vivant mal de pêche et de charbonnage : c'est maintenant une ville riche. La propriété a fait ce miracle [1]. La vigne y est montée à 20,000 fr., — 22,000 fr.. — 25,000 fr. l'hectare, et le revenu en proportion. Le travail s'y paye 30, 40, 50 centimes l'heure effective. Quelqu'un, l'année dernière, a su y enchérir de 800 fr., sur M. Bouscaren, le prix d'un lot de dépaissances que ce dernier affermait auparavant 2,000 fr.. pour l'entretien de troupeaux dont il avait le fumier. On voudrait trouver de tels paysans comme concurrents collectifs, pour leur donner une Prime d'honneur commune. Quels enseignements leur apporter, dès lors, sinon de leur montrer d'énergiques dépenses d'engrais devenues la source d'une production aussi riche que la leur? Quels exemples proposer à leur pratique, hormis l'emploi d'outils de culture ayant procuré, à moins de frais que leurs bras, des vignes aussi vigoureuses, en aussi bel état, des rendements aussi élevés et aussi progressifs?

Le Jury n'a donc pu attribuer de distinction aux vignes des Camelliers, ni à celles du domaine de Gigean. Mais, en décernant une médaille d'or aux épierrements profonds qu'a faits M. de Rozis, il indiquera aux cultivateurs de ce pays une opération excellente. Une médaille d'or aussi, attribuée au drainage par tuyaux et au cellier de MM. Bouscaren, viendra signaler à l'imitation des choses utiles et rappeler à la fois de longs services agronomiques.

M. Ulysse SAUVAJOL, au mas de Desferre.

Le grand fleuve de vignes qui descend de la montagne Noire vers le Rhône et la mer, en faisant refluer insensiblement ses eaux sur tout le sol, laisse encore émerger par places des points où la culture céréale conserve un reste d'empire et où la culture fourragère peut en prendre un durable. Les alluvions du Vidourle, entre Lunel. Marsillargues, le Cayla, ainsi que quelques terres basses au bord des étangs avoisinant Montpellier, constituent ces derniers retranchements de l'ancienne agronomie. Leur nature humide, leur submersion quelquefois, le limon qui y abonde, les défendent contre l'invasion. Le conquérant avancera encore : en attendant, ils mar-

[1] La vente en détail, il y a vingt-cinq ans, des 300 hectares du Mas de Cambon, a commencé cette révolution. A l'heure actuelle, Gigean est éclairé comme une ville; il a aligné ses rues, il a transformé ses cabanes en belles maisons à balcons et à persiennes, échangé les meubles rustiques d'autrefois pour des meubles de velours et de bois de luxe.

quent la transition. Les deux époques agricoles si tranchées que notre temps aura vu se succéder dans le territoire méditerranéen s'y rapprochent, comme pour mieux marquer leur contraste et pour fixer les souvenirs.

Du côté de Lunel, M. Ulysse Sauvajol, à Desferre, présente au Concours cette agriculture encore forcément mélangée, comme l'avait fait avec mérite, au Concours du Gard, un de nos collègues habituels, M. Causid, d'Yvernati. Desferre est un domaine de 86 hectares, divisé en deux groupes. Dans un de ces groupes, où se trouvent les bâtiments et l'habitation, la vigne occupe 27 hectares, entremêlés de culture arable. Dans l'autre, qui est à quelque distance, la culture arable et les prés tiennent tout.

Disons, dès l'abord, que la plupart des vignes, à Desferre, peuvent être rangées dans la bonne moyenne des vignes de l'Hérault. Elles font bien désirer l'emploi d'outils moins primitifs et plus efficaces, ameublissant mieux et plus vite que les fourcats et les racloirs du pays ; du moins ont-elles la végétation et presque toutes la propreté nécessaire. On se demande même comment elles ne prennent pas immédiatement toute l'étendue que le terrain autorise et toute l'intensité de production possible, en voyant que dans le revenu de 86 hectares du domaine elles entrent pour les deux tiers, quoique le rendement moyen, depuis huit ans [1], n'y soit que de 137 hectolitres par hectare.

L'autre partie de l'exploitation se fait remarquer à plus d'un titre. Les notions modernes de culture y exercent visiblement leur action. On sent les tendances à la production riche et aux procédés industriels. Large proportion de fourrages, ample fabrication de fumiers par un nombreux bétail de belle qualité : voilà les bases, et ce sont bien celles qu'il faut à la culture arable dans ces terrains puissants. Faire des marcs distillés, pour ces terrains-là, ce qu'est aux Flandres la pulpe de betterave, conséquemment s'attacher aux produits animaux comme source de fécondité et de bénéfices progressifs, il n'y a que ces errements pour y justifier d'autres cultures que la vigne quand la vigne est interdite, et pour rendre ces cultures fructueuses quand elles sont imposées.

Depuis longtemps Desferre est dirigé dans cette voie. M. Sauvajol y a succédé à son père en 1852, après l'y avoir suivie avec lui depuis 1844. Il transporta alors les vignes des bas-fonds, où elles se trouvaient, sur les surfaces exhaussées. Il a refait ou agrandi les bâtiments, engagé un capital double en améliorations d'exploitation ou dans une établerie de vaches laitières et d'élèves. Le

[1] D'après les chiffres donnés par M. Sauvajol, de 1858 à 1866.

revenu primitif. qui était de 6,000 fr. [1], s'est élevé, dans ses mains. à la moyenne de trois fois ce chiffre, durant les quinze années dernières.

Tout cela assigne à M. Sauvajol un bon rang dans le Concours. mais pourtant pas le premier. Il est agriculteur à entendre les critiques, et nous oserons les lui faire. Les pratiques décisives sont entrevues chez lui, mais non suivies avec assez de décision et de force, de sorte que les résultats ne s'obtiennent qu'en partie. La plupart des opérations de détail datent d'une autre époque et, par suite, n'aident qu'imparfaitement. Les charrues sont d'une traction très-pénible et versent mal; on n'a pas de houes à cheval [2], et le rouleau de bois dont on se sert ne peut pas écraser les mottes quand la saison vient à les durcir. Les luzernes, rarement semées seules. un peu clair, sont gardées trop longtemps. Ce sont les détails défectueux de ce genre qui empêchent d'arriver au point où le succès plein se détermine. Les céréales, à Desferre, n'ont pas dépassé, depuis quinze ans, la moyenne de 21 hectolitres à l'hectare; ces terres vigoureuses peuvent produire beaucoup plus. On va voir que le Concours nous a mis en présence d'opérations plus complètes ou de bien plus de hardiesse, dans l'ordre même d'entreprises où Desferre se tient.

Mais l'exemple de production animale que donne M. Sauvajol a des proportions trop peu ordinaires pour ne pas appeler une distinction élevée. Les céréales réduites à 12 hectares sur 50 de terres arables, tout le reste en plantes fourragères, près de 70 têtes de bétail entretenues pour les 86 de contenance totale, constituent des faits très-méritants. Les animaux sont, en général, très-bien choisis, les vaches surtout : les jurys de bétail les ont souvent marquées par les premiers prix, depuis quelques années. La disposition des étables est bonne ; les soins de nourriture et d'élevage ne font pas défaut; les fumiers sont bien traités [3] et la masse produite approche de 2,000 mètres cubes par an, ce qui fait, avec des composts supplémentaires, 9 à 10 mille kilos par hectare [4]. Nous attribuons une

[1] Par bail à ferme authentique.

[2] Depuis le passage du jury, M. Sauvajol a acheté la houe Portal de Moux. C'est un exemple heureux, qu'après coup nous mettons avec plaisir à son actif.

[3] Une grande plate-forme bétonnée, pourvue d'une fosse à purin qui règne sur toute la longueur, ayant ses pompes spéciales, est placée à cette fin sous la direction d'un homme à gages exprès.

[4] 80,000 kilos de roseaux achetés et toute la paille produite sont employés en litière.

médaille d'or du grand module à l'écurie de vaches laitières de Desferre, qui nous a paru résumer les meilleures choses de ce domaine, et nous tenons à dire que cette distinction ne viendra pas récompenser seulement de très-bons détails, mais des choses faites avec la suite mesurée, la patience modeste et le consciencieux désir de progrès qui donnent des gages certains de réussite.

M. Edmond DUFFOUR, au Bosc.

Les 50 hectares qui constituent l'exploitation du Bosc ne sont qu'une vigne, au milieu de l'immense vignoble bordant au loin la mer entre Agde et Béziers. M. Edmond Duffour les fait valoir directement depuis 1852. Comme M. Sauvajol, à Desferre, il y a remplacé son père. C'est un agriculteur connu au delà de sa contrée. Il a rendu dans la publicité agricole des services appréciés[1]. On lui doit des écrits qui témoignent de connaissances scientifiques et qui s'inspirent des notions nouvelles : on lui devra certainement bientôt un domaine marquant.

Au Concours d'aujourd'hui, le Bosc représente avec grand mérite le mouvement de transformation imprimé à la vigne, dans l'Hérault, par les circonstances générales. Avant 1852, la vigne n'a guère d'autre fin que la distillerie. C'est une culture sans profit, qu'on entretient strictement dans la crainte de perdre. On la plante sans défoncer ni assainir. On la remplace sans reposer les terres. On y laisse venir les arbres et à côté l'on fait du blé. Depuis, c'est une industrie en bénéfice, où l'en n'entrevoit que progrès et qui attache en raison même. Plus d'arbres ni de céréales ; à elle tout le sol. Des masses de fumiers sont achetées ou produites pour elle. On ne marchande rien de ce qui peut y développer le produit.

Au Bosc, 42 hectares sont plantés et le reste en préparation. On a défoncé vigoureusement à la main, drainé par tuyaux les basfonds sur 19 hectares[2], pratiqué sans appréhension la générosité des avances. On y professe les idées des paysans de Gigean quant aux frais de culture, et l'on fait mieux encore : on montre que ces idées sont justes dans un domaine qu'on ne cultive pas de ses mains, tout autant que chez le cultivateur qui travaille lui-même, lorsque l'on prend les procédés qu'il faut. Le Bosc est la seule exploitation où nous ayons trouvé la vigne soumise complétement au travail des animaux, et la seule, à la fois, où elle fût vraiment sans herbe, en parfait état de labour et bien ameublie. Une partie

[1] Notamment en ce qui a trait à la destruction de la pyrale.
[2] Les drains sont à 10 mètres de distance, à 1 mètre de tranchée.

des pierres est un conglomérat volcanique qui cède aisément ; les
végétations herbacées n'y tiennent guère, le mérite y pourrait
sembler facile. Mais dans l'autre partie, où la terre, argileuse, dure.
tenace, garde-fraîche longtemps la racine des herbes, l'état de culture était le même. Le passage répété des charrues et des houes y
maintient le sol aussi bien divisé, aussi profondément, non moins
propre. Et, cependant, il existe des outils beaucoup meilleurs que
les houes Séguy, dont M. Duffour se sert.

Croit-on que le Bosc perde à ces labours fréquents ou aux autres
largesses de culture ? Voici les chiffres. De 1839 à 1852, le domaine
marchait sur un capital de 140 fr. par hectare ; les recettes brutes
étaient de 236 fr., le produit net de 95 fr., pas beaucoup plus du
tiers des frais. Les six premières années de l'administration de
M. Ed. Duffour, de 1853 à 1859, élèvent ce capital à 219 fr., les
recettes brutes à 383 fr., le net à 163 fr., c'est-à-dire presque au
double et à près de la moitié des frais, cela malgré l'oïdium et
la pyrale. Dans les huit années suivantes, le capital monte à
369 fr. par hectare, le produit brut à 609 fr., le produit net à 240.
c'est-à-dire à plus de deux fois celui de la période précédente ; le
moment de la production régulière et complète n'est pourtant pas
encore venu. On voit si le travail est trop cher quand on le donne
bien, et si c'est un profit que d'en être avare. L'accroissement des
dépenses accroît la rente; les vignes de l'Hérault, dans leur ensemble, en sont la preuve parlante, comme celles du Bosc en particulier. Il accroît aussi l'aisance et, par l'aisance, la certitude de
placer plus de produits. Double courant tracé aux labeurs humains !
Le progrès social en découle, et là se manifeste le spiritualisme de
cette création de la richessse, en apparence toute matérielle.

Des celliers bien établis complètent, au Bosc, le parfait état des
vignes. A celui qui existait en 1852, dans les conditions ordinaires
du pays, M. Duffour en a ajouté un qui fait suite, plafonné, ouvrant
au nord, pourvu de beaux foudres avec robinets à clapet. Une distillerie pour traiter les marcs a été organisée avec toute l'entente
possible et dans de larges dimensions. On prend des soins minutieux pour faire des vins de consommation directe avec les plus communs cépages[1]. Voilà bien le présage d'une excellente exploitation.

[1] Il y a 24 hectares de terret-bourret.

11	d'aramon.
2 50	de terret noir.
3 86	de mourastel.

M. Duffour, en huit années, a acheté pour 12,938 fr. de fumier autour
de lui, sans compter celui qui a été produit sur son domaine. C'est une
quantité suffisante pour fumer 124 hectares, soit une bonne fumure par
quatre ans.

Devant cette régénération d'un domaine judicieuse et énergiquement menée, devant les résultats dès à présent acquis et qui
garantissent l'avenir, nous aurions presque à nous justifier de n'attribuer au Bosc qu'une des distinctions accessoires de la Prime
d'honneur. Nous ne passerons pas sous silence qu'un moment ses
titres nous ont paru de ceux qui l'emportent souverainement. La
comparaison, toutefois, n'a pu permettre de leur attribuer ce rang.
L'exploitation n'a pas atteint encore au degré d'ensemble qui serait
nécessaire, dans ce département, pour constituer un enseignement
uniquement viticole. Vignes très-vieilles, qu'il faut remplacer ou
rétablir; vignes nouvelles, qui ne font que promettre, s'y présentent fort mêlées. La source principale de fumure, demandée jusqu'ici à des engraissements de moutons, au marc distillé, était ren-
due incertaine par les pertes que le sang de rate avait fait subir. Les
constructions s'achevaient à peine lors de la visite : tout est un peu
jeune d'apparence pour un exemple si élevé. M. Duffour suit certainement le droit chemin : il n'est toutefois que dans le chemin. Il
approche, voilà tout ce qu'on peut affirmer. Agriculteur apte et
esprit distingué comme il l'est, nous sommes convaincus qu'il se
juge ainsi lui-même. Mais nous décernons une médaille d'or de
grand module à la tenue remarquable des vignes du Bosc et à son
installation vinaire, avec le désir d'attester d'une manière toute
particulière que nous n'en avons rencontré d'aussi entièrement
bonne chez aucun concurrent.

M. Jules ANDRÉ, à Engueiresques et à Lodève

Les exploitations dont nous venons d'exposer les titres ont eu,
dans des objets différents et à divers degrés, le mérite d'élever
l'agriculture qui se pratique de mémoire d'homme autour d'elles au
rang d'une industrie profitable, constituant un emploi noble des
facultés : mérite trop réel dans les dispositions d'esprit que nous
font nos mœurs françaises, et que longtemps encore il faudra récompenser pour le rendre fréquent. L'exploitation d'Engueiresques nous
transporte dans un ordre d'entreprises autrement fait pour frapper.
La création de la culture même s'y présente. Il ne s'agit plus de la
vigne, de son vaste mouvement de profits, de ses voies depuis
longtemps ouvertes et aujourd'hui toutes tracées ; il ne s'agit plus
de terrains anciennement labourés, de plaines et de leur climat
généreux : nous sommes à 800 mètres d'altitude, au col de l'Escandorgue, exposés à des courants furieux. Sur cette arête étroite,

qui court à travers le département, des Cévennes à la montagne
Noire, l'hiver est rude et la population rare. Les genêts, les fougères, les buis, quelques herbes dures et sans valeur, poussent seuls
dans le sol désagrégé. Les brebis du Larzac viennent y paître misé-
rablement. On dirait une de ces hautes marches de l'époque bar-
bare destinées à ne pas être franchies, tant elle semble interdite à
l'homme et tant l'aspect des contrées qu'elle sépare les fait paraître
étrangères l'une à l'autre.

Impressions d'autrefois ! Un pionnier s'est trouvé pour envisager
ces terres désertes d'un regard tout moderne et ressentir, en les
regardant, les hardies ambitions de la prairie américaine, au lieu
des préventions de la vieille Europe contre les entreprises auda-
cieuses.

M. Jules André avait l'éducation industrielle. C'est un fonds infiniment précieux, auquel l'agriculture méridionale doit la plupart de
ses grandes œuvres, et ses Concours presque tous leurs lauréats.
Avec lui l'éducation agronomique avance vite. Celle de M. André
s'était rapidement faite dans la propriété du Chalet, qui touche et
qui orne les abords de Lodève. Contraint de parer aux désastres
des vers à soie, il avait trouvé des bénéfices dans une établerie de
vaches laitières. La colonisation d'Engueiresques a découlé de cette
vacherie comme une suite naturelle. M. André y avait pris la mesure
du débouché ; il fut impatient d'y répondre.

Colonisation est bien le mot. Les établissements en terres nouvelles ne rencontrent pas plus d'obstacles matériels et plus d'im-
probations. « Je traversai souvent l'Escandorgue dans la belle sai-
» son, nous disait M. J. André; j'étais frappé du peu de rémuné-
» ration de ces sommets, qui s'étendent sur plus de 1,200 hectares.
» Il me semblait que ce sol possédait tous les éléments de fécon-
» dité et était complétement méconnu. J'entrevis une belle tâche
» à remplir. Une analyse me fortifia dans mes convictions, et j'en-
» trepris mon œuvre avec confiance et courage[1]. »

L'idée fut celle-ci. Si, au lieu de ces espaces stériles, existaient
les herbages de l'Aubrac ou du Cantal, quelles couches de consommateurs profondes et sans cesse accrues leur production laitière,
fromagère, animale, fourragère, ne trouverait-elle pas dans le rayon
manufacturier de Lodève, dans les vignobles sans prairies qui
s'étalent à leur pied, dans les villes populeuses où la voie ferrée

[1] M. André fit descendre au Chalet quelques tombereaux de ce terrain.
L'humus y abondait; il expérimenta des amendements calcaires et des
engrais riches en azote et en phosphate de chaux. Des essais de légumi-
neuses et de graminées eurent un plein succès, qui le décida.

conduit en quelques heures? Il ne s'agit donc que de faire pousser cés herbages.

On voudrait avoir le loisir de retracer les tâtonnements pénibles du début, les premiers travaux sans abri, les traversées difficiles, les présages malveillants, les entraves du public, de la famille même. Il faut se borner à dire qu'une volonté et une activité ardentes ont eu raison de tout. L'Escandorgue est volcanique, comme le Cantal et l'Aubrac; les marnes du terrain jurassique y affleurent; des sources se perdent dans les ravins; Lodève fournit en déchets de fabrique d'importantes masses ammoniacales. Rapprocher et combiner tous ces éléments de fécondité, trouver les engrais qui devaient les accroître, les mettre en action dans un lieu habilement choisi pour que tous les auxiliaires naturels du sol lui-même y fussent réunis, tout cela eût semblé demander une génération entière : sept années ont suffi pour le voir résoudre en une production remarquable. L'entreprise date de l'année 1860; en 1862 seulement, des agents d'exploitation ont eu un toit pour coucher, sur le domaine, et les résultats sont déjà grands.

De 1856 à 1860, où M. Jules André constitua le domaine d'Engueiresques par des acquisitions successives, il affermait une centaine d'hectares, sur les 120 ou 125 qui le composent maintenant. Le plus haut prix qu'il pût trouver fut la somme annuelle de 1,100 fr. Voilà le point de départ, et on l'apprécierait d'une manière incomplète si je n'ajoutais que le fermier exploitait uniquement par dépaissance, c'est-à-dire par le mode ruineux qui maintient l'Escandorgue dans une infertilité traditionnelle, parce qu'il fait rapporter chaque jour en engrais, dans les vallées, l'équivalent de l'herbe consommée. Or voici le point actuel. A la place du désert d'autrefois se montrent des bâtiments d'une certaine importance, avec écuries à claire-voie sur fosse à purin et de grandes plates-formes à compost; à la place des genêts et des fougères, là où nulle source ne vient aider la culture, nous avons vu 22 hectares de prairies chargées de beaux foins et 8 autres vont donner leur herbe; dans un ravin arrosable, un canal d'irrigation de 800 mètres et une partie des purins en créeront 8 encore l'année prochaine, et la surface totale atteindra bientôt 50 hectares. Trois magnifiques troupeaux du Larzac, de 200 brebis, 200 moutons et 150 agneaux, avec 6 bœufs et 2 mules vivaient largement de ce que la vacherie du Chalet n'avait pas absorbé, et les foins engrangés de 1867 ont entretenu cet hiver, en outre de 250 moutons et de 50 antenaises, les 30 vaches de cette vacherie, montées dès novembre à Engueiresques pour les consommer.

En 1867, 16 vaches seulement avaient pu être nourries ; on avait

obtenu 13,000 fr. de recettes brutes, laissant le revenu net de
6,500 fr. pour un capital engagé de 104,000 fr. A coup sûr, c'était
assez pour garantir une active progression. Près de 10,000 fr. de
lait réalisés dans la vacherie seulement depuis novembre dernier,
500 mètres cubes de fumier solide provenant des litières, 400 mètres
cubes de compost fabriqués au moyen d'une partie des purins,
viennent confirmer d'avance les prévisions que l'on peut faire et
attester ce que chaque année nouvelle ajoutera d'accroissement.

. Craindrait-on qu'après cet énergique enfantement le fini des détails, qui donne la constance aux profits et augmente la réussite
par la réussite même, vint manquer à Engueiresques ? Si l'entente
de M. Jules André pour défricher et mettre à fruit le sol[1], si les
soins attentifs par lesquels il a fait aboutir jusqu'ici son intelligente
volonté à des résultats heureux, si la qualité hors ligne des troupeaux que nous avons trouvés chez lui ne rassuraient pas pleinement, les doutes s'effaceraient en voyant la vacherie du Chalet.
Tout s'y montre disposé de la manière la plus efficace en même
temps que la plus simple. La prairie qui l'entoure en reçoit les
purins, mêlés aux eaux d'arrosages qui la fertilisent, et fait voir le
plus magnifique état de production. Les soins sont visiblement
très-attentifs, minutieux, et prédisent que l'on aura bientôt à Engueiresques un établissement herbager de premier ordre.

Il deviendra difficile alors, pour les concurrents, de disputer la
Prime d'honneur à M. Jules André. Une utilisation du sol si bien
comprise aura beau sortir de la culture qui semble principale dans
l'Hérault : elle en prendra toute l'importance dans l'esprit des juges.
Ils penseront aux étendues de ce département qui ne connaîtront
jamais la vigne, et qui attendaient l'agronomie propre à changer
leur nudité et leur infimité anciennes en végétation et en richesse.
Ils penseront aussi que, sans doute, ceux qui perfectionnent les
procédés et les cultures ordinaires font une œuvre d'autant plus

[1] On a procédé à la mise en culture de la manière que voici :
En mars, on abat les fougères, genêts, etc.; la dépaissance est ainsi
améliorée tout d'abord. En juillet, labour ; deuxième labour en octobre
ou novembre, suivi d'un coup de herse. En février de l'année suivante, on
sème une avoine avec trèfle, après avoir chaulé ou marné. La troisième
année, seigle, maïs ou pomme de terre sur fumure. La quatrième, nouvelle fumure et ensemencement d'orge, avoine avec trèfle, luzerne, graminées pour constituer la prairie.
Les terres plus argileuses du bas sont labourées à la grande charrue,
puis traitées de même trois ou quatre ans en céréales et fourrages, avant
de recevoir la prairie irriguée.

utile qu'elle enseigne la généralité d'un pays, mais que ceux qui découvrent les forces latentes et qui les mettent en mouvement ne rendent pas des services moindres. Les premiers ajoutent, en effet; ils représentent la croissance arithmétique, qui est la loi normale, nécessaire, mais habituelle des choses. Les autres représentent la progression géométrique ; ils multiplient, ils déterminent de nouveaux moyens de subsistance, appellent des hommes plus nombreux ; ils font faire ces grandes enjambées par lesquelles les conditions de la société s'améliorent soudain, sa puissance sur la matière s'étant tout d'un coup développée.

C'est pourquoi les travaux de M. Jules André ont à nos yeux un rang très-élevé dans le Concours d'aujourd'hui. Ils nous ont rappelé la courageuse entreprise du Môle d'Aiguesmortes, qui avait attribué à l'un de nos collègues, M. Redier, la place la plus voisine de la Prime d'honneur dans le Concours du Gard. Comme au Môle, il manque encore à Engueiresques le temps, qui sanctionne et autorise l'exemple. On ne doit pas attribuer les distinctions souveraines à ces novateurs qui frappent hardiment le rocher pour en faire jaillir des sources inconnues, avant d'avoir vu si les sources seront constantes et sûres. Mais, à notre tour, nous plaçons auprès de la Prime d'honneur cette création vigoureuse et toute empreinte du souffle de l'agronomie moderne. Il nous semble que la médaille d'or du grand module que nous décernons à M. Jules André, pour ses transformations de terrains incultes et ses prairies irriguées au purin, attestera d'autant mieux ainsi la valeur de ses titres.

PRIME D'HONNEUR

M. Gaston BAZILLE, à Saint-Sauveur

Tout récemment, à l'inauguration du Concours de la Villette, le Ministre qui a rendu l'agriculture à l'importance économique où M. Rouher l'avait élevée, énumérait la masse de matières utiles qu'elle produit chaque année, les forces et l'intelligence qu'elle met en jeu, la part énorme qui lui revient dans le travail et la richesse de notre pays. En dépouillant nos notes de visite à l'exploitation de Saint-Sauveur, il me semblait que ces paroles et l'idée qui les a dictées prenaient une vérité de plus. S'il était encore nécessaire de justifier par les faits que l'industrie agricole est bien la première et la plus difficile, celle qui a besoin du plus de suite et du plus de facultés , celle où le caractère de création et de durée que revêtent les résultats rehausse le plus l'emploi de la vie, les opérations culturales de M. Gaston Bazille en donneraient la preuve. Le Jury leur décerne la Prime d'honneur régionale de 1868, et je crois n'exagérer rien en en parlant comme je le fais.

Le début de ces opérations remonte maintenant à dix-huit ans. Elles ont passé par l'épreuve du Concours de 1860, et leur point de départ est bien attesté. Saint-Sauveur comptait alors 47 hectares, partie en culture céréale , partie en marais salins, que l'on transformait en prairies. M. G. Bazille y avait nourri déjà et élevé beaucoup de bétail, produit beaucoup de fumier, doublé le produit net ; une médaille d'argent vint signaler ces mérites , qui prenaient du prix par les mauvaises conditions dans lesquelles ils s'étaient exercés, par la lutte qu'il avait fallu soutenir contre les épizooties , les inondations, les fièvres paludéennes.

Saint-Sauveur occupe une plaine basse , formée de dépôts accumulés au bord de la mer par la petite rivière du Lez. Il touche aux étangs salins et participe de leur nature sur une surface notable. L'humidité ambiante y rend le sol assez froid, malgré sa composition limoneuse, et sa situation le soumet aux gelées du printemps. Il n'y avait que l'intensité des fumures pour maîtriser ces obstacles. M. Bazille s'était donc bien placé dans la voie des profits. Comme une bonne vacherie dans la banlieue de Montpellier constituait une entreprise avantageuse par sa rareté, il y a quinze ans, 20 hectares de prés et 35 vaches laitières soutenaient efficacement le reste de la culture de Saint-Sauveur, lors du premier Concours.

Succès peu durable, toutefois, si l'on n'eût pas su s'ouvrir de nouveaux chemins et prendre plus de champ. Aux regards clairvoyants, les circonstances économiques qui chassent l'agronomie céréale des départements méditerranéens commençaient à se dessiner. On pouvait entrevoir un jour prochain où le domaine le mieux mené perdrait son équilibre ou ferait vœu de pauvreté en gardant les anciens labours. L'exploitation se vit résolûment installer sur un autre plan. A sa belle exploitation animale et fourragère, l'exploitation viticole fut associée. M. Bazille voulut réunir et aviver l'une par l'autre les deux sources de bénéfices désormais les plus certaines. La surface a été étendue pour mieux réussir. On a établi en prés tout ce qui ne pouvait porter la vigne, planté tout le reste rapidement. 32 hectares d'herbages et un vignoble de 27 : voilà le Saint-Sauveur d'aujourd'hui.

La double et parallèle agronomie que les conditions générales et la nature de son sol commandement au département de l'Hérault se trouve ainsi exactement résumée chez M. Gaston Bazille. Bien mieux, le Concours même s'y condense. Desferre et Engueiresques, le Bosc, aussi bien que Gigean, peuvent chacun y prendre exemple pour leurs parties respectives, et comme eux la contrée tout entière. Voici avec quelle supériorité d'enseignement :

La forme de l'exploitation a changé, non les principes. En 1860, on commençait à fabriquer de grands volumes de fumier, pour atteindre au plus haut point de production d'une manière continue ; aujourd'hui, on le pratique pleinement. Dans la jeunesse de leur établissement, les prairies furent trouvées belles [1]; l'accroissement et la durée n'ont fait que leur profiter. Un hectare environ, laissé comme souvenir de l'ancien état, donne un relief frappant à celles qui l'entourent. Parfaitement nivelées et assainies, fumées tous les deux ans [2], avec une moyenne de 85 mètres cubes de fumier très-fait par hectare ; rafraîchies l'été par submersion autant de fois que l'on peut employer l'eau du Lez ; recevant encore, après le fauchage, de 100 à 112 hectolitres d'urine de vache, elles se coupent régulièrement trois fois, quelquefois quatre, et donnent la moyenne de 9,500 k. de fourrage par hectare [3]; elles dépasseraient cette moyenne, déjà double de ce qui est atteint dans les prairies environnantes, si l'on pouvait arroser davantage. Pour établir dans son total leur compte de rendement, il faut ajouter une dépaissance d'automne, qui prend une importance notable dans le système d'exploitation animale de Saint-Sauveur. Les amendements ont couvert la sole de trèfles blancs et rouges qui fournissent largement l'audin. Le plantain abonde encore, produit naturellement par le terrain, et M. Bazille ne fait pas des foins d'une grande finesse ; mais il en fait de lourds, excellents pour la vente, et il en vend le plus possible. Il vend ensuite à son bétail les regains, le pacage, et c'est ici que les étableries interviennent pour donner à Saint-Sauveur son nerf et ses résultats.

Évidemment, l'exploitation s'achète d'autant plus cher ce fourrage consommé qu'elle peut en faire pousser davantage ; elle se procure ainsi à prix d'autant moindre plus de produits animaux et plus de fumier, qui assure plus de récolte ultérieure. Les étableries

[1] La chaux d'épuration du gaz et les cendrailles de coke des chemins de fer se sont montrées des amendements souverains pour les prairies de Saint-Sauveur, dès que M. Bazille les eut assainies et dessalées par des fossés.

[2] En janvier. de façon à ce qu'elles ne poussent pas trop tôt et ne souffrent point des gelées, pas plus tôt que le milieu de février, en tout cas, pour que les pluies profitent avant les vents secs du printemps.

[3] Première coupe, 5,000 kil.; 2ᵉ, 2,500 ; 3ᵉ, 2,000.

auxquelles elle demande ce double office comptaient, en 1860, 45 têtes de 550 kil., sur 20 hectares de prés et 27 de labours, soit une vacherie de 35 têtes et 150 moutons. Il y a aujourd'hui 72 têtes très-richement entretenues sur les 32 hectares de prés et 27 de vignes.

Le Jury de 1860 trouva la vacherie très-belle et y attacha une médaille. Cette entreprise n'était pas plus une œuvre de hasard qu'une fantaisie passagère. La voici plus nombreuse, au contraire, comptant 37 têtes toute l'année, et je puis dire la voici plus belle dans toute la mesure du progrès qui s'est opéré partout depuis. Ce sont 37 vaches savoyardes, tarentaises presque toutes, et les plus semblablement parfaites dans leurs formes, les mieux choisies et les mieux tenues pour leur fin particulière. Dans presque tous les Concours de la région on a admiré les bêtes magnifiques de M. Bazille ; les plus remarquables des bandes qu'il y a conduites chaque année ne donnaient pas l'idée d'un ensemble à ce point suivi, supé_rieur d'une manière aussi égale.

A côté des vaches sont ces élèves bovines qui n'ont guère paru dans un Concours sans avoir remporté ou disputé les premiers prix, et dans la production desquels M. Bazille est un des zootechnistes qui ont apporté le plus d'étude, de patience, de soins et d'enseignement, depuis que l'élevage du bétail est devenu l'objet d'un art véritable et une source d'utilité publique, grâce aux encouragements de l'État. Chaque année, jusqu'ici, 16 ou 18 têtes ont occupé l'établerie.

Après cela, viennent 200 moutons à l'herbe pendant trois mois, 160 à l'engrais pendant cinq, enfin 8 bêtes de travail et 2 porcs.

Chaque catégorie de bétail a son local distinct. bien aéré par des fenêtres latérales et des cheminées d'appel : celui des bêtes bovines, pourvu de purinières communiquant à deux grandes citernes extérieures ; celui des moutons, couvert de coke, l'été, afin de mieux conserver l'engrais, tous munis de pompes et d'abreuvoirs, tous attestant au visiteur l'habile et exacte observation des détails qui assurent la prospérité et le plus haut produit des animaux. Le fumier solide qu'on en retire n'est pas moins bien traité. L'hiver, on le met en tas sur de grandes plates-formes imperméables, l'été dans des creux d'argile battue, dont l'un, à titre d'expérience, vient d'être recouvert d'un toit de roseaux très-bien et très-économiquement établi ; ils sont mouillés à propos au moyen des urines et garantis le mieux que l'on peut contre les déperditions.

A ne considérer qu'en soi chaque chose, le grand côté de l'ex-

ploitation, chez M. G. Bazille, celui où s'engendrent sa vie et
sa force, ne paraît donc pas uniquement hors de critique, mais
hors ligne. L'autre ne diffère guère. Personne ne fera grief à ce
propriétaire d'avoir rejeté les céréales, les tubercules et racines, les
cultures à faible rémunération, pour la vigne, dont les produits sont
si facilement abondants sous ce climat, relativement si réguliers,
d'une réalisation si prompte, mettent si bien les recettes au niveau
du taux croissant des salaires, permettent de réformer si vite le
capital employé. Le moment et la nature des œuvres que réclame
d'ailleurs la vigne, les terres qu'elle exige, la fécondité que les engrais lui donnent, ne l'associaient-elle pas d'autant mieux à la
prairie, dans une exploitation constituée comme Saint-Sauveur, et
vraiment conçue et conduite en vue du profit ?

Les 27 hectares plantés depuis 1861 arrivent à la limite extrême
où les plants peuvent fructifier dans les terres basses. Comme
M. Argence à Villeneuve, M. Bazille a placé de la vigne dans des
lieux où l'eau n'est guère profonde et qu'on dirait plutôt appartenir
à l'herbe. Nous ne le lui reprocherons pas plus qu'à son concurrent. Les souches offrent une forte charpente, premier fondement
d'une large production ; si elles n'atteignent pas à la longévité,
elles vivront assez pour bien payer leur place. Formées d'aramon
pour moitié au moins, par endroits pour trois quarts, elles rem-
bourseront en vingt années trois et quatre fois leur prix et le fonds
même. La spéculation est, du reste, en des mains qui savent la
soutenir. On fume tous les trois ans, au déchaussage, avec 70 mètres cubes de fumier d'étable par hectare (6 à 8 kilos par souche),
et tous les deux ans pendant le premier âge ; on empêche les gelées
d'avril en développant sur la plaine d'épais nuages de fumée
d'huile de gaz, chaque fois que le temps menace ; l'araire ne cesse
de passer entre les raies, de janvier à juin ; des œuvres sont données à bras d'homme jusqu'en août. En 1865, à la quatrième année
seulement, ce jeune vignoble a produit 200 hectolitres à l'hectare,
et M. Bazille compte sur cette moyenne dorénavant ; les soins qu'il
prend la feront dépasser sans peine. Nous ne ferons de réserve
qu'en un point. Le sol est un peu grossièrement labouré, pas assez
meuble et çà et là insuffisamment nettoyé d'herbes. Un praticien
judicieux et progressif comme M. Bazille, si en avant en presque
tout, devrait avoir brisé déjà avec le parti pris de sa contrée à
l'endroit des houes à cheval ou à bœufs, qui, à l'exemple de la
houe Portal de Moux dans l'Aude, font un travail si parfait, si
approprié, si profitable. Employés aux binages, ces outils émiette-
raient le terrain et le nettoyeraient comme nous l'avons vu chez
M. Duffour.

La qualité pouvait manquer aux vins de Saint-Sauveur, malgré le soin apporté dans la proportion des cépages ; 7 hectares ont donc été établis sur des collines caillouteuses, avec un tiers d'aramon et deux tiers de mourastel, carignane ou alicant. Ce sont les derniers plantés , et ils nous ont appris comme l'habile éleveur de bétail savait appliquer à la vigne le principe zootechnique de la forte alimentation dans le premier âge qu'il a si bien enseigné. Ces 7 hectares , à la quatrième feuille , avaient déjà reçu trois fumures. Aussi , dans aucun terrain de plaine, des ceps ne montrèrent-ils une charpente plus vigoureuse. Le développement des pampres , le nombre et l'ampleur des grappes , contrastaient en eux avec le voisinage et présageaient un vignoble d'aussi riche production que de robuste durée [1].

Une distillerie et un beau cellier s'ajoutent à tout cela. La distillerie date de la première période d'exploitation; elle s'alimentait alors de marcs achetés. Le cellier est une construction récente. Il ferme la cour sur un côté, dans une longueur de 36 mètres et 12 mètres en largeur. La rampe en arceaux qui y monte se détache avec agrément pour les yeux sur le vert des prairies et des arbres. Au midi, le prolongement de sa toiture a formé un vaste hangar à litières , qui le défend de la chaleur. 4,200 hectolitres de foudres y sont déjà placés dans des conditions de fraîcheur et de service qu'on peut appeler bonnes dans l'Hérault [2]. A l'heure

[1] La faiblesse de la couleur était encore à prévoir, avec des vignes de plaines basses. M. Bazille cherche à y obvier en cultivant le teinturier. justifiant ainsi l'opportunité et le prix des recherches patientes et des conquêtes de MM. Bouschet. Taillé sur deux longs bois qui s'appuient sur des roseaux peu, élevés, le teinturier, bien qu'encore tout récent, a rendu jusqu'à 2 kilos de raisin par cep, en sorte que l'essai n'est pas sans valeur.

[2] Les celliers de l'Hérault ne sont guère, à proprement parler, que des halles à vins, soumises à toutes les variations de température dès que la hauteur du toit n'arrive pas à un certain degré. Ceci a sa raison d'être dans le peu d'attention que l'on a donné longtemps à la qualité du vin, et ensuite en ce que le propriétaire est désintéressé de sa conservation. La récolte se vend dans le mois qui suit la vendange ; une fois vendue, elle reste au cellier, mais comme propriété de l'acheteur et à ses risques. Il vient, quand il veut, en prendre la quantité que ses expéditions demandent; il met en vidange les foudres pour partie ou pour le tout; le propriétaire ne saurait donc devenir responsable. Il y a lieu de croire, toutefois, que ces conditions se modifieront à mesure que la qualité sera plus nécessaire au vin pour trouver preneur, et que le commerce aura à tenir compte d'exigences plus raffinées.

présente, il en est sorti quatre récoltes au prix moyen de 8 fr. l'hectolitre, qui atteste dans les vins de Saint-Sauveur les qualités suffisamment marchandes.

Ainsi, des deux éléments d'exploitation de M. G. Bazille, l'un offre la perfection la plus complète, unie à toute la force d'expérience et d'enseignement que donnent la suite et la durée ; l'autre n'attend qu'un progrès de détail pour compter parmi les meilleurs. Nous avions dès lors à voir si la combinaison, si le système d'agronomie qui les a associés peut se soutenir ; en d'autres termes, si les résultats respectifs et ceux qui découlent de tout sont fructueux et continueront de l'être. Une comptabilité minutieuse, de nombreux registres auxiliaires, des notes quotidiennes depuis l'origine, nous ont procuré tous les éléments de conviction. Saint-Sauveur s'est instruit surtout de sa propre pratique, en raisonnant de ce qu'il avait fait à ce qu'il devait faire. On y sait exactement ce que chaque objet, chaque opération, chaque œuvre, chaque animal, coûte, produit, laisse de net; on y connaît le pourquoi de toute perte comme de tout gain; les livres disent toutes les circonstances, tous les phénomènes, toutes les quotités de chaque année pour chaque chose : nous n'avons eu qu'à y lire.

Voyons la vigne. On ne doutera pas que M. Bazille n'en doive tirer au moins les profits habituels dans la région ; voici, du reste, les éléments de certitude. En dehors des labours d'hiver, toutes les œuvres qui la concernent sont données à prix convenu, ce qui ne peut être le fait que des agriculteurs à qui l'étude a procuré l'exacte notion de tout. Les prix ont été, en moyenne pour 100 souches:

Taille, 50 cent.,
Déchaussage, 40 c. (s'il a lieu avant le premier labour, 75 c.):
Apporter le fumier du bord de la vigne aux souches, 55 c. ;
Recouvrir le fumier, 18 c. ;
Façon à bras en plein, 1 fr. 15 c.
Façon restreinte, 1 fr. ;
Façons d'été, superficielles. 90 c.;
Vendange (ici la quantité de la récolte fera toujours varier le prix), 55 c.;
Travaux de cellier, 50 c. ;
Le soufrage (à raison de 100 kil. par hectare pour trois soufrages) fait par des hommes et à l'hectare, 2 fr. 55 c.

Tous ces chiffres, réunis aux frais de labour opéré par les animaux et le personnel à gage, ont fait revenir l'hectolitre de vin de Saint-Sauveur à 6 fr. 46 c. l'hectolitre dans les récoltes de 150 hec-

tolitres à l'hectare , à 4 fr. 76 c. dans les récoltes de 200 hecto-
titres à l'hectare [1]. Le prix de 8 fr., obtenu en moyenne jusqu'à
présent, a donc déjà rémunéré ; il suffirait pour rendre riche quand
la production du vignoble sera dans sa plénitude, les frais ne devant être alors que très-peu supérieurs.

Mais l'important est d'examiner comment se comporte, quant
aux profits, l'énorme proportion de bétail qu'on trouve si largement
entretenue à Saint-Sauveur. Elle n'est égalée nulle part dans le
Midi ; elle n'existe que chez les maîtres dans des pays plus fourra-
gers : ce ne seraient pas des raisons d'être si le bénéfice manquait.

Un premier mérite de M. Bazille est de savoir cela aussi bien
que personne. Le foin atteint à Montpellier les prix de 7 fr. 50 c ,
8 fr. les 100 kil. Les regains valent naturellement un peu moins ;
l'ambition de Saint-Sauveur est de les réaliser en fumier au prix de
7 fr., afin d'avoir le fumier employé à 3 fr. 50 c. le mètre cube,
et le meilleur fumier possible. Calcul fait sur les trois années
1864-67, qui sont celles où l'exploitation a eu l'assiette la plus
égale depuis qu'elle s'est transformée, on y satisfait cette ambition.

Les éléments du calcul sont ceux-ci :

L'entretien d'une vache laitière coûte à M. Bazille 1 fr. 88 c.
par jour , savoir :

3 kil. 1/2 tourteaux de copras. à 14 fr. 50 c. les 100 kil......	0 fr.	50 c.	75 m.
3 kil. son, à 11 fr. les 100 kil...........	38	50	
9 kil. regain, à 7 fr.......................	63	»	
Gage de trois vachers et demi, à 840 fr. l'un, $1/37$ par jour.............................	21	»	
Cheval de transport , véhicule, vases, usten- siles , etc.................................	10	»	
Intérêt du capital des 37 vaches , $1/37$ par jour.	4	50	
Total..............	1 fr.	87 c.	75 m.

[1] Les frais de la récolte des 200 hectolitres ont été de 970 fr. 37 c. par
hectare : 1,023 fr. de frais brut, d'où il faut déduire :

Marcs, tartres, lies...............	46 fr.
Dépaissance des feuilles..........	7
	53

Voici les éléments principaux de ce compte :

Frais généraux..	348 fr. 75 c.
Rente du sol....................	300 »
Travail et vinification...........	275 »
Intérêt du mobilier vinaire à 6 %..	99 »
Total........	1,023 fr. 75 c.

Les 37 vaches élèvent la dépense quotidienne à 69 fr. 56 c., soit pour l'année, à 25,389 fr.

Or quel le produit? Dans les treize années dernières, on a vendu la moyenne de 115,710 litres de lait, soit une production d'un peu moins de 9 litres par jour et par vache. Ce lait revenait à 0 fr. 21 c. 92 mill.; il a été vendu en moyenne 22 c. 1/2. Les veaux s'ajoutent à ce produit, et le prix des vaches a été remboursé par la boucherie.

L'écurie des moutons se divise en deux parties, dont l'une a des bénéfices évidents; les 200 têtes qui l'occupent pendant trois mois payent un loyer pour la dépaissance et laissent le fumier. L'autre contient de 160 à 180 moutons à l'engraissement. On les garde cinq mois; on les nourrit de marc distillé (5 kil. par tête, de 30 à 40 c. les 100 kil., prix courant), de foin grossier de marais (un peu plus de 1/2 kil. par tête., de 4 à 5 fr. les 100 kil.); ils boivent les vinasses (3 litres chacun); leur dépense est de 5 cent. 4 dixièmes par mouton, chaque jour, ou 7 fr. 65 c. pour cinq mois. Le produit, qui diffère forcément selon ce qu'ils ont coûté maigres, selon la quantité et le prix de l'alcool qu'on a retiré du marc, n'a jamais laissé en bénéfice moins que le fumier.

L'écurie d'élevage, elle, n'offre même pas ce bénéfice. Établie en vue des Concous régionaux, elle a procuré à M. Gaston Bazille l'unique avantage d'apprendre que l'élevage, dans le Midi, se résout en perte. L'enseignement zootechnique seul y a gagné, et devant le public qui nous entend je n'ai pas besoin d'ajouter dans quelle ample mesure. Personne ne s'étonnerait ici que le Jury en fît un titre à M. Bazille, si ses titres avaient besoin de cet appoint. A Saint-Sauveur, le veau d'élève coûte, à quatre mois, 130 fr. de lait; à quatorze mois, les marcs, tourteaux, son, dépaissance ou fourrage qu'il a consommés [1], le font revenir à 460 fr. Il vaudrait au plus 230 fr. pour la boucherie. Si la différence n'est pas comblée par les médailles obtenues, l'éleveur, évidemment, paye cher le fumier qu'il retire.

En définitive, les frais sont compensés dans chaque étable. Mais laitage, graisse, Concours, ne constituent que des moyens. Ce sont les accessoires du but poursuivi. Il faut faire somme de tout cela

---

[1] Voici le régime : 3 premiers mois, soir et matin, marc distillé; le jour, pâturage; en tout, 40 c. par jour et par tête.— Quand le pâturage cesse, 4 à 5 kil. de fourrage, 5 à 6 kil. de marc, 2 kil. de copras, cela 3 mois 1/2, du 1er janvier au 15 avril; par jour et par tête, 66 c. -- Tout le reste de l'année, 5 mois, 5 à 6 kil. de fourrage, 4 kil. son et copras; par jour et par tête, 88 c. Frais de garde, 28 fr. par an par tête.

et ne voir que le fumier. La masse qui est obtenue, voilà le bénéfice ; bénéfice annuel par la récolte annuelle, bénéfice d'avenir par la garantie de fécondité qu'il accumule dans le sol et par la certitude qu'on ne manquera jamais d'engrais. Sait-on bien encore si les engrais commerciaux pourront suffire avec les étendues qui se plantent en vignes ? Sait-on si leur usage, de plus en plus exclusif, ne nuira pas ? Sait-on si leur prix ne montera pas bientôt, par le fait de la demande, au-dessus d'un prix rémunérateur ? A Saint-Sauveur, du moins , la source est sûre et d'une extrême qualité. On y a été retardé dans les grands revenus, faute d'avoir eu des vignes ; il pourrait bien se faire qu'on y devint par comparaison très-riche, parce que l'entretien baissera dans les vignes des autres. M. Bazille achète 2,000 fr. de litière ; il estime à 11,000 fr. la valeur du fumier qu'il obtient , comptant le mètre cube à 3 fr. 50 c., comme il se paye dans toutes les étableries de Montpellier; — 2,732 mètres cubes de fumier solide de 480 tonneaux d'urine ou de lavage d'écurie: voilà la quantité portée sur ses livres. A son calcul , ce serait un profit net de 9,000 fr. Veut-on réduire ce profit , le mettre à 7,000 fr.? Nous ne voyons pas qu'on y soit autorisé par des exagérations de chiffres. A Desferre, où les bêtes pâturent dans les prés , M. Sauvajol accuse 2,000 mètres cubes de fumier solide pour 70 têtes de bétail ; les 72 de Saint-Sauveur sont nourries à discrétion , 37 en stabulation permanente ; elles ont plus de développement , 5 kilos de litière de joncs chacune par jour ; on recueille avec soin , à l'étable même , qui est bétonnée, la partie liquide de leurs déjections ; il y a abreuvoir et pompe dans chacune ; on lave souvent. Tout permet de croire que M. Bazille compte juste. Mais , enfin , au chiffre de 7,000 fr. même , le produit net est assurément fort beau [1].

[1] Le détail de ces calculs n'est pas sans intérêt. M. Bazille pense que chaque tête de 550 kilos de poids vif absorbe par jour 60 kilos de nourriture solide et que ses vaches boivent de 25 à 30 hectolitres d'eau. Il ne faut pas oublier que tout, à Saint-Sauveur, est pesé, constaté, écrit exactement, et a été vérifié non pas une seule fois. D'après lui, on retire chaque jour 50 kilos de fumier solide par tête de vache, plus 13 litres de liquide. Après six ou sept semaines de mise en tas, on a ainsi 3 mètres 1⁄2 cubes solides par vache, ou 1560 mètres cubes par an, plus 4 hectolitres de liquide par mois, 48 hectolitres par an ; — de l'écurie d'élevage, 32 mètres cubes solides par mois, 38 hectolitres par an ;—des huit bêtes de travail, de deux porcs, des poulaillers, de la basse-cour, 1484 mètres cubes par an ; — de l'écurie des vaches pleines, en trois mois, 108 mètres cubes. — Le prix de 3 fr. 50 c. le mètre cube de fumier solide, à Montpellier, s'applique à du fumier très-soulevé et peu pesant. M. Bazille est loin d'exagérer en

Relativement, au début on perd sur le lait. La concurrence s'est faite et les prix ont baissé. De ce côté encore, le profit a été pour le public ; l'agriculteur a vu son gain matériel s'amoindrir par l'exemple qu'il a donné. Il est de ceux que le gain moral ne trouve pas insensible, et il ne se plaint pas. Il a su obvier au déficit seulement, ce que tout le monde n'aurait pas fait. Le fumier couvre ce déficit et sa force de reproduction continuerait de le couvrir, dût-il s'augmenter davantage. Tout à l'heure nous montrions le vin de Saint-Sauveur produit à moins de 7 fr. l'hectolitre avec une faible récolte et, sur une partie seulement des vignes, à moins de 5 fr. avec la moyenne probable du rendement. Quand on a prélevé du produit d'un hectare de pré les frais généraux...

Quand on a prélevé du produit d'un hectare de pré les frais généraux...	348 fr.	75 c.
La rente du sol à 5 p. 100, sur le pied de 6,000 fr. l'hectare...............................	300	» »
Les frais de fauchage et de rentrée du foin....	70	60
La valeur de la dépaissance................	34	37
Au total........	753 fr.	72 c.

on voit que la production de 100 kilos de fourrage ressort à 4 fr. 19 c., payant donc bien le fumier au prix courant de 3 à 4 fr. le mètre cube.

Aussi le compte général de l'exploitation la présente-t-il comme une industrie prospère, autant que chacun des détails qui s'y font voir sont de précieux enseignements. Le capital immobilisé se monte à :

Valeur foncière............	173,000 fr.
Constructions.............	36,000
Mobilier vinaire ou aratoire.	50,000
En tout....	259,000 fr.

adoptant ce prix pour le sien, autrement tassé, et où le tourteau entre pour beaucoup. Il fixe à 3 fr. le prix des 4 hectolitres d'urine; c'est ainsi qu'il constitue sa valeur de 11,000 fr. de fumier.

Une question importante serait celle du poids du mètre cube solide. Le Jury, frappé du bas prix relatif des fumiers, d'après les dires de plusieurs concurrents (de M. Duffour, notamment, qui trouve des fumiers de bergerie en abondance au prix de 35 à 45 centimes les 42 kilos, des fumiers d'écurie ou de rue de 35 à 50 centimes les 100 kilos, les touraillons de brasserie à 1 fr. le sac), le Jury a cherché, sans y bien réussir, à déterminer le poids du mètre cube de fumier solide; cependant il ne lui a pas paru que ce poids puisse être porté, même à Saint-Sauveur, à plus de **400 kilos.**

Le produit net moyen, calculé d'après les livres des années 1864 à 1867, où les frais sont restés semblables, atteint:

En argent........ 15,735 fr.
En fumier........ 9,000

Soit........ 24,735 fr [1]

Ne regarde-t-on comme revenu net du fumier que la part restée disponible dans le sol après chaque récolte? tient-on à réduire l'estimation que M. Bazille donne à ce fumier? On n'arrive pas moins très-près d'un chiffre payant à 5 pour 100 l'intérêt d'un immeuble de 400,000 fr., et au prix actuel des prairies et des vignes

[1] *Etat de situation au 31 décembre 1866.*

DOIT.		AVOIR.	
Frais généraux *...	10,272 fr.	Foin de 32 hectares, 3,190 quintaux à 3 fr. 50...................	11,165 fr.
Fumier.............	11,000	Regains consommés, au même prix........	10,640
Journées d'homme..	1,320	Foin grossier des moutons.............	400
— de femme..	528	Dépaissance.........	1,100
Fauchage de 32 hectares pour trois coupes.	1,210	Bois ou branchages vendus.............	468
Fauchage des fossés.	95	Basse-cour (œufs, volailles).............	150
Soufre...........	520	290 muids de marc, à 1 fr...............	290
Plantation de vignes.	105	Tartres et lies des 290 muids........	362
Taille, déchaussage, fumure, vendange des vignes.........	6,400	290 muids de vin à 78 fr. (700 litres).....	22,620
Total ...	31,540 fr.	Total..	47,195
		Frais à déduire..	31,450
		Argent net,	15,745 fr.
		Fumier, mémoire **	

* Il ne s'agit ici que de la culture; les étables sont en dehors.
Divers détails sont donnés par des notes quotidiennes de M. Bazille sur ces frais généraux. Ainsi la moyenne des jours perdus, sur les 306 jours de travail de l'année, a oscillé de 3 jours en 1859 à 17 jours en 1862 ; en dix ans elle a été de 8 jours 1/2. — La nourriture d'une paire de bœufs à Saint-Sauveur est de 2 fr. 40 c. par jour, soit 876 fr. par an ; ferrures, vétérinaire, bourrelier, intérêt du prix, 100 fr. en sus ; nul amortissement, les bœufs revendus en chair dépassant leur prix d'achat; domestiques (gage ou vivre), 860 fr.; en tout, 1,836 fr., répartis sur 296 jours 1/2, soit 6 fr. 20 c. par jour de travail. L'entretien des chevaux est plus cher : nourriture d'un cheval, 1 fr. 50 c. par jour. Les dépenses accessoires d'un cheval sont aussi plus fortes; il faut compter l'amortissement; en tout, 697 fr. par cheval, soit 2,788 fr., pour les quatre. Trois hommes qui les conduisent, à raison de 860 fr. l'un, 2,580 fr. ; en tout, 5,368 fr. qui, répartis entre 296 jours 1/2 de travail, donnent 9 fr. 04 c. par jour, ou 2 fr. 80 c. de plus que pour une paire de bœufs.
** Quelque proportion que l'on admette pour le produit net du fumier, il faut en retrancher le montant à la colonne du *Doit*; de toute manière, le produit minimum de 20,000 fr. nous semble atteint

dans ce canton de l'Hérault, les 60 hectares de Saint-Sauveur réaliseraient aisément ce chiffre.

Or M. Bazille a pris Saint-Sauveur, en 1849, sur le pied de 100,000 fr., avec un revenu habituel de 3,000 fr. Il a acheté pour 47,000 fr. Il est l'auteur de toute la différence, l'auteur de ce produit net plus que sextuplé, et dont le chiffre normal n'est cependant pas atteint, puisque sept hectares de plantier sont entrés en vendange cette année seulement, et que presque aucune vigne ne se trouve encore en récolte pleine. Il est l'auteur de tout ce capital de fécondité approvisionnée dans le sol et qui garantit un produit croissant, l'auteur de cette plus-value foncière évidente qui serait vite dégagée. Il n'a cependant pas eu à son service, comme les trois quarts des propriétaires de ce département, comme ses concurrents de Desferre, du Bosc, de Gigean, des Camelliers, les revenus fabuleux qu'ont donné les vignes bien ou mal tenues quand on a eu dompté l'oïdium. Il a dû tirer tout de lui. L'intelligence des efforts, l'étude juste, le sens agronomique, une activité aussi suivie que calme et minutieuse ont été ses auxiliaires uniques.

C'est un grand point que de savoir choisir son lieu ; l'agriculture, avec nos habitudes sociales, est une des industries où on peut le moins. Nous naissons on pourrait dire rivés à une propriété, ou bien le mariage nous l'impose. Il n'est donné qu'à quelques-uns de chercher pour s'établir mieux. Il y a beaucoup de mérite à monter une belle industrie culturale dans une place que l'on a bien étudiée ; mais que ne vaut pas le succès là où l'on n'a pu le faire ? S'il ne s'agissait que de dépenser des aptitudes et d'appliquer des labeurs, quelqu'un comme M. Bazille n'eût pas choisi le marais de Lattes, quand à coté le vin rendait si riche avec si peu de peine. Notre sort est de nous accroître en faisant tout progresser au lieu même où nous met la vie. De ce point de vue, Saint-Sauveur prend d'autant plus de prix et se rehausse encore dans le rang que lui assigne la supériorité d'exemple de presque tout ce qui s'y montre. Que de fécondité de vues, que de rare variété d'aptitudes, que de continuité et de renouvellement dans la volonté et les efforts, pour vaincre cette nature, pour l'assouplir aux besoins, pour la plier à une production de plus en plus riche ! Combien l'industrie culturale y trouve de relief et de dimension.

Les industries qui opèrent sur les forces mécaniques se targuent du capital qu'elles exposent et croient que leurs travaux ont le monopole des connaissances spéciales, des prévisions multipliées, des combinaisons mobiles, des rémunérations généreuses. Elles ont su le dire, le faire croire, et ainsi rejeter longtemps dans les préoccupations secondaires l'industrie autrement difficile qui agit sur les plus résistantes des forces, qui est à la merci des éléments, qui ne peut rien opérer sans avoir pour agents des volontés libres, des hommes ingouvernables si on ne les intéresse ou si on ne les convainc. Comme Saint-Sauveur est une belle réponse à ce préjugé, dans ce département de l'Hérault voué lui-même, en quelque sorte, à en fournir avec éclat la réfutation dans le midi de la France! Faire naître le capital et s'en servir, l'employer à l'œuvre efficace suivant le moment, l'augmenter dans toute la mesure, où le voit-on mieux? 69,000 fr. de fonds de roulement pour 60 hectares, 1,131 fr. par hectare, sans compter 100,000 fr. de capital immobilisé en bâtiments, en vaisselle vinaire [1] : c'est à ce chiffre qu'en est déjà M. Bazille. Il a fallu cette mise pour dégager le produit; qui sait s'il ne la faudra pas plus forte? Et quelle multitude de ressorts montés et mis en mouvement; que d'études, que de complications, que de calculs réagissant des uns aux autres: que de salaires répartis, que de bénéfices procurés avant de voir découler le profit! Que d'attention aussi et de facultés en jeu pour organiser successivement tout et pour tout conduire! Être maître en bétail comme les plus habiles, savoir choisir et acheter comme les plus experts, savoir profiter et vendre, savoir tourner en même temps toutes les forces dans une autre direction non moins pleine, à son tour, de complications et de chances changeantes : que de conditions et que de résultats !

Industrie de haut titre, disons-le donc bien fort, que de douer un coin de sol de cette vie civilisée de la matière appelée la production et qui reflète les progrès humains! On l'affirme ardemment une fois de plus, après avoir vu Saint-Sauveur. L'exploitation de M. G. Bazille a sa place marquée entre les plus éminentes dont la Prime d'honneur ait encore décoré les travaux, comme le département qu'elle enseigne a la sienne aux premiers rangs des grandes œuvres agricoles de notre époque.

[1] Soit 508 fr. de plus par hectare ; au total, 1,639 fr.

CONCOURS RÉGIONAL AGRICOLE
DE MONTPELLIER

COMPOSITION DÉFINITIVE DU JURY

MM.

LE PRÉFET DU DÉPARTEMENT DE L'HÉRAULT, Président d'honneur.
RENDU, Inspecteur général, Commissaire général du Concours.

1re SECTION
chargée de décerner la Prime d'honneur

MM. DE LA LOYÈRE, à la Loyère (Saône-et-Loire).
TOCHON, à la Mothe-Servolet (Savoie).
DONIOL, à Antibes (Var).
DE GASQUET, directeur de la ferme-école du Var.
BOUNIN, secrétaire général de la Société d'agriculture de Nice (Alpes-Maritimes).
RIONDET, à Hyères (Var).
SARDA, lauréat de la prime d'honneur de l'Aude.
CUILLÉ, directeur de la ferme-école des Pyrénées-Orientales.
RÉDIER, à Aiguesmortes (Gard).

2me SECTION
chargée d'apprécier les Animaux

M. RENDU, premier vice-président du Jury, président de la section.

1re SOUS-SECTION
pour juger les Animaux de l'espèce bovine

MM. TOCHON, à la Mothe-Servolet (Savoie).
DONIOL, à Antibes (Var).
DESTREMX, à St-Christol (Gard).
CUILLÉ, directeur de la ferme-école de Germainville (Pyrénées-Orientales).
DENILLE, directeur de la ferme-école de Besplas (Aude).
VALAYÉ.
VIALLA (Louis), à Montpellier.

2me SOUS-SECTION
pour juger les Animaux des espèces ovine, porcine et de basse-cour

MM. MAIFFREDY, au Mas de Ver, près Arles (Bouches-du-Rhône).
LAZERME, à Perpignan (Pyrénées-Orientales).

7

MM. Sarda, lauréat de la prime d'honneur de l'Aude.
Durand (Charles), à Salle-Basse (Lozère).
Le marquis de Ruolz, à Alleret (Haute-Loire).
Cauzid, à Nîmes (Gard).
Golfin, à Montpellier.

3me Section
chargée d'apprécier les Instruments et Produits agricoles
M. Pagezy, député, 2e vice-président, président la section.

1re Sous-Section
pour juger les Instruments d'extérieur de ferme
MM. Marès, conseiller général, à Montpellier.
De Rolland, à Carcassonne (Aude).
Gentet, à Marseille (Bouches-du-Rhône).
De Monron.
De la Baume, à Nîmes (Gard).
Duponchel, ingénieur des ponts et chaussées, à Montpellier.

2me Sous-Section
pour juger les Instruments d'intérieur de ferme.
MM. Rédier, à Aiguesmortes (Gard).
De Cézancourt, à Montpellier.
Fr. Cazalis, à Montpellier.
Coste-Florés, à Montpellier.

3me Sous-Section
pour juger les Produits agricoles
MM. Bougemont, à Marseille (Bouches-du-Rhône).
Rieunier, maire de Cette.
Bounin, à Nice (Alpes-Maritimes).
De la Loyère.
D'Albenas, à Montpellier.

COMMISSAIRES PRINCIPAUX
MM. Doniol.
Piollet, à Jenne (Savoie).
De Gasquet, à Salgues (Var).

COMMISSAIRES
MM. Rougame, à Clermont (Puy-de-Dôme).
Henrion, à Grignon (Seine-et-Oise).

PRIX DÉCERNÉS PAR LE JURY

1re DIVISION

PRIME D'HONNEUR

Pour l'exploitation du département de l'Hérault la mieux dirigée et qui a réalisé les améliorations les plus utiles et les plus propres à être offertes en exemple, à

M. BAZILLE (Gaston)

A SAINT-SAUVEUR, COMMUNE DE LATTES

Une somme de 5,000 fr. et une coupe d'argent de 3,500 fr.

RÉCOMPENSES AUX AGENTS DE L'EXPLOITATION PRIMÉE

Une Médaille d'argent et 100 fr. à Jean Foustanieu, païre, et 50 fr. à sa femme.

  —   100   à Naud, de Pérols.

  —   50   à L' Lacaze, vacher chef.

  —   50   à Gontar.

Une Médaille de bronze et 25 fr. à Valentin Freyermut.

  —   25   à Louis Ferrand.

  —   25   à Hardeman.

     25   à Jules Garric.

     25   à Antoine Michel.

     25   à Henri Teysseire, aide.

MÉDAILLES DE SPÉCIALITÉ

Médaille d'or du grand module

A M. Jules André, à Engueiresques, commune de Roque-redonde: pour ses transformations de terrains incultes et ses prairies irriguées au purin.

A M. Edmond Duffour, au Bosc, commune de Vias : pour le bon état de son vignoble et pour son installation vinaire.

A M. Sauvajol, à Desferres, commune de Lunel : pour son établerie de vaches laitières.

Médaille d'or

A MM. Bouscaren, à Gigean : pour leurs drainages par tuyaux et leur cellier.

A M. Portalon de Rozis, à Loupian : pour ses épierrements profonds.

A M. Argence, à Villeneuve-lez-Béziers : pour son mode de plantation de la vigne dans des terrains de marais.

A M. Henri Bouschet, à la Calmette, commune de Mauguio : pour sa collection de cépages et ses hybridations de la vigne.

A M. Sahut, au chalet de Lattes : pour ses écoles d'arbres fruitiers et forestiers.

2ᵉ DIVISION

ANIMAUX REPRODUCTEURS

1ʳᵉ CLASSE. — ESPÈCE BOVINE

1ʳᵉ Catégorie. — Races françaises diverses pures

MALES

1ʳᵉ Section. — Animaux nés depuis le 1ᵉʳ Mai 1866 et avant le 1ᵉʳ Mai 1867

1ᵉʳ prix. Médaille d'or et 600 fr., M. Causse, à Sommières (Gard), pour le nº 8.

2ᵉ prix. Médaille d'argent et 500 fr., M. Boch, à Montpellier (Hérault), pour le nº 7.

3ᵉ prix. Médaille de bronze et 400 fr., M. Sauvajol, à Lunel (Hérault), pour le nº 5.

4ᵉ prix. Médaille de bronze et 300 fr., M. Monthaluc, à Avignon (Vaucluse), pour le nº 4.

2ᵉ Section. — Animaux nés avant le 1ᵉʳ Mai 1866

1ᵉʳ prix. Médaille d'or et 600 fr., M. Boch, précité, pour le n° 12.

2ᵉ prix. Médaille d'argent et 500 fr., M. De Marion-Gaja, à Gaja-la-Selve (Aude), pour le n° 16.

3ᵉ prix. Médaille de bronze et 400 fr., M. Bazille, à Montpellier (Hérault), pour le n° 9.

4ᵉ prix. Médaille de bronze et 300 fr., M. Rives (Numa), à Cuxac-Cabardès (Aude), pour le n° 13.

Mention honorable. De Marion-Gaja, précité.

FEMELLES

1ʳᵉ Section. — Génisses nées depuis le 1ᵉʳ Mai 1866 et avant le 1ᵉʳ Mai 1867, n'ayant pas encore fait veau

1ᵉʳ prix. Médaille d'or et 300 fr., M. Richard, à Montpellier (Hérault), pour le n° 19.

2ᵉ prix. Médaille d'argent et 200 fr., M. Bazille, précité, pour le n° 22.

3ᵉ prix. Médaille de bronze et 150 fr., M. Causse, précité, pour le n° 24.

4ᵉ prix. Médaille de bronze et 100 fr., M. Sauvajol, précité, pour le n° 26.

2ᵉ Section. — Génisses nées depuis le 1ᵉʳ Mai 1865 et avant le 1ᵉʳ Mai 1866, pleines ou à lait

1ᵉʳ prix. Médaille d'or et 400 fr., M. Sauvajol, précité, pour le n° 39.

2ᵉ prix. Médaille d'argent et 300 fr., M. Bazille, précité, pour le n° 35.

3ᵉ prix. Médaille de bronze et 200 fr.. M. Boch, précité, pour le n° 36.

4ᵉ prix. Médaille de bronze et 100 fr., M. Causse, précité, pour le n° 30.

Mention honorable. M. Sauvajol, pour le n° 34.

3ᵉ Section — Vaches nées avant le 1ᵉʳ Mai 1865, pleines ou à lait

1ᵉʳ prix. Médaille d'or et 400 fr., M. Richard, précité, pour
le n° 48.

2ᵉ prix. Médaille d'argent et 300 fr., M. Bazille, précité, pour
le n° 55.

3ᵒ prix. Médaille de bronze et 250 fr., M. Monthaluc, précité,
pour le n° 64.

4ᵉ prix. Médaille de bronze et 200 fr., M. Sauvajol, précité,
pour le n° 42.

5ᵉ prix. Médaille de bronze et 100 fr., M. Boch, précité, pour
le n° 62.

Mentions honorables.
⎰ M. Bazille, pour le n° 56.
⎱ M. Bazille, *id.* 57.
  M. Bazille, *id.* 58.
  M. Bazille, *id.* 59.
  M. Bazille, *id.* 67.

2ᵉ *Catégorie.* — **Races étrangères diverses pures**

MALES

1ʳᵉ Section — Animaux nés depuis le 1ᵉʳ Mai 1866 et avant le 1ᵉʳ Mai 1867

1ᵉʳ et 2ᵉ prix. Non décernés.

3ᵉ prix. Médaille de bronze et 300 fr., M. Jambon, à Arles
(Bouches-du-Rhône), pour le n° 71.

2ᵉ Section. — Animaux nés avant le 1ᵉʳ Mai 1866

1ᵉʳ prix. Médaille d'or et 500 fr., M. Bazille, précité, pour le
n° 76.

2ᵉ prix. Médaille d'argent et 400 fr., M. Flotte, à Montpellier
(Hérault), pour le n° 77.

3ᵉ prix. Médaille de bronze et 300 fr., M. Sauvajol, précité,
pour le n° 78.

FEMELLES

1ʳᵉ Section. — Génisses nées depuis le 1ᵉʳ Mai 1866 et avant le 1ᵉʳ Mai
1867, n'ayant pas encore fait veau

1ᵉʳ prix. Médaille d'or et 300 fr., M. Sauvajol, précité, pour
le n° 91.

2ᵉ prix. Médaille d'argent et 200 fr., M. Cassagne, précité,
pour le nᵒ 87.

3ᵉ prix. Médaille de bronze et 100 fr., M. Jambon, précité,
pour le nᵒ 84.

Mention honorable. M. Maillet, pour le nᵒ 89.

2ᵉ Section. — Génisses nées depuis le 1ᵉʳ Mai 1865 et avant le 1ᵉʳ Mai
1866, pleines ou à lait

1ᵉʳ prix. Médaille d'or et 400 fr., M. Jambon, précité, pour
le nᵒ 95.

2ᵉ prix. Médaille d'argent et 300 fr., M. Janny, à Montpellier
(Hérault), pour le nᵒ 98.

3ᵉ prix. Médaille de bronze et 200 fr., M. Causse, précité,
pour le nᵒ 97.

Mention honorable. M. Sauvajol, pour le nᵒ 93.

3ᵉ Section. — Vaches nées avant le 1ᵉʳ Mai 1865, pleines ou à lait

1ᵉʳ prix. Médaille d'or et 400 fr., M. Janny, précité, pour le
nᵒ 114.

2ᵉ prix. Médaille d'argent et 300 fr., M. Flotte, précité, pour
le nᵒ 117.

3ᵉ prix. Médaille de bronze et 200 fr., M. Bardou, à Cette
(Hérault), pour le nᵒ 107.

Mentions honorables. { M. Jambon, pour le nᵒ 115.
{ M. Jambon, pour le nᵒ 106.

3ᵉ *Catégorie*. — Croisements divers

MALES

1ʳᵉ Section. — Animaux nés depuis le 1ᵉʳ Mai 1866 et avant le 1ᵉʳ Mai 1867

1ᵉʳ et 2ᵉ prix. Non décernés.

2ᵉ Section. — Animaux nés avant le 1ᵉʳ Mai 1866.

1ᵉʳ prix. Médaille d'or et 300 fr., M. Bazille, précité, pour le
nᵒ 129.

2ᵉ prix. Médaille d'argent et 200 fr., M. De Marion-Gaja,
précité, pour le nᵒ 131.

FEMELLES

1⁰ Section. — Génisses nées depuis le 1ᵉʳ Mai 1866 et avant le 1ᵉʳ Mai 1867, pleines ou à lait

1ᵉʳ prix. Médaille d'or et 200 fr., M. Bazille, précité, pour le n° 137.

2ᵉ prix. Médaille d'argent et 100 fr., M. Sauvajol, précité, pour le n° 135.

2ᵉ Section. — Génisses nées depuis le 1ᵉʳ Mai 1865 et avant le 1ᵉʳ Mai 1866, pleines ou à lait

1ᵉʳ prix. Médaille d'or et 300 fr., M. Causse, précité, pour le n° 141.

2ᵉ prix. Médaille d'argent et 200 fr., M. Boch, précité, pour le n° 142.

Mention honorable, M. Sauvajol, pour le n° 143.

3ᵉ Section. — Vaches nées avant le 1ᵉʳ Mai 1865, pleines ou à lait.

1ᵉʳ prix. Médaille d'or et 300 fr., M. Boch, précité, pour le n° 157.

2ᵉ prix. Médaille d'argent et 200 fr., M. Causse, précité, pour le n° 151.

Mentions honorables. { M. Bazille, pour le n° 150. / M. Bazille, pour le n° 159.

2ᵉ CLASSE. — ESPÈCE OVINE

(Les animaux exposés devront être nés avant le 1ᵉʳ Mai 1867.)

1ʳᵉ Catégorie. — Races mérinos et métis-mérinos

MALES

1ᵉʳ prix. Médaille d'or et 300 fr., M. Trouche, à Arles (Bouches-du-Rhône), pour le n° 168.

2ᵉ prix. Médaille d'argent et 250 fr., M. De Marion-Gaja, à Gaja-la-Selve (Aude), pour le n° 165.

3ᵉ prix. Médaille de bronze et 200 fr., M. Tempier, à Aimargues (Gard), pour le n° 169.

4ᵉ prix. Médaille de bronze et 150 fr., M. Gauthier, à Marseille
(Bouches-du-Rhône), pour le nᵒ 166.

5ᵉ et 6ᵉ prix. Non décernés.

FEMELLES

(Lots de 5 brebis.)

1ᵉʳ prix. Médaille d'or et 300 fr., M. Audouard, à Marseillan
(Hérault), pour le nᵒ 175.

2ᵉ prix. Médaille d'argent et 250 fr., M. Trouche, précité,
pour le nᵒ 174. (Prix retiré pour déclaration
inexacte.)

3ᵉ prix. Médaille de bronze et 200 fr., M. Gauthier, précité,
pour le nᵒ 176.

4ᵉ prix. Médaille de bronze et 150 fr., M. De Marion-Gaja,
précité, pour le nᵒ 173.

5ᵉ prix. Médaille de bronze et 125 fr., M. Tempier, précité,
pour le nᵒ 172.

6ᵉ prix. Non décerné.

2ᵉ *Catégorie.* — **Race barbarine**

MALES

1ᵉʳ prix. Médaille d'or et 200 fr., M. Tempier, précité, pour
le nᵒ 183.

2ᵉ prix. Non décerné.

Rappel du 2ᵉ prix, M. Latrasse, pour le nᵒ 182.

FEMELLES

(Lots de 5 brebis.)

1ᵉʳ prix. Médaille d'or et 200 fr., M. Tempier, précité, pour
le nᵒ 185.

2ᵉ prix. Médaille d'argent et 150 fr. Pas d'autres animaux.

3ᵉ *Catégorie.* — **Races south-down pure**

MALES.

Rappel du 1ᵉʳ prix, M. Audouard, précité, pour le nᵒ 188.

1ᵉʳ prix. Non décerné.

2ᵉ prix. Médaille d'argent et 200 fr., M. Fabre (Louis), à Carpentras (Vaucluse), pour le nᵒ 187.

FEMELLES.

(Lots de 5 brebis.)

1ᵉʳ prix. Médaille d'or et 300 fr., M. De Marion-Gaja, précité, pour le nᵒ 189.

2ᵉ prix. Médaille d'argent et 200 fr., M. Audouard, précité, pour le nᵒ 190.

4ᵉ *Catégorie*. — **Races à laine commune**

MALES.

1ᵉʳ prix. Médaille d'or et 300 fr., M. Rives, à Cuxac-Cabardès (Aude), pour le nᵒ 201.

2ᵒ prix. Médaille d'argent et 200 fr., M. Trouche, précité, pour le nᵒ 196.

Rappel du 2ᵉ prix. M. Causse, pour le nᵒ 195.

FEMELLES.

(Lots de 5 brebis.)

1ᵉʳ prix. Médaille d'or et 300 fr., M. Chambert, à Pérols (Hérault), pour le nᵒ 213.

2ᵒ prix. Médaille d'argent et 200 fr., M. Trouche, précité, pour le nᵒ 205.

3ᵘ prix. Médaille de bronze et 100 fr., M. Audouard, précité, pour le nᵒ 207.

5ᵉ *Catégorie*. — **Croisements divers**

MALES.

1ᵉʳ prix. Médaille d'or et 300 fr., M. Sabatier, à Azille (Aude), pour le nᵒ 222.

2ᵉ prix. Médaille d'argent et 200 fr., M. Trouche, précité, pour le nᵒ 217.

3ᵒ prix. Médaille de bronze et 100 fr., M. Gautier, précité, pour le nᵒ 219.

Mention honorable, M. Trouche, précité, pour le nᵒ 221.

FEMELLES.

(Lots de 5 brebis.)

1er prix. Médaille d'or et 300 fr., M. De Marion-Gaja, précité, pour le n° 235.

2e prix. Médaille d'argent et 200 fr., M. Audouard, précité, pour le n° 237.

3e prix. Médaille de bronze et 100 fr., Trouche, précité, pour le n° 228.

3e CLASSE. — ESPÈCE PORCINE

(Les animaux exposés devront être nés avant le 1er Décembre 1867.)

Races diverses pures ou croisées

MALES

1er prix. Médaille d'or et 250 fr., M. Cau, à Carlipa (Aude), pour le n° 247.

2e prix. Médaille d'argent et 200 fr., M. De Marion-Gaja, précité, pour le n° 248.

3e prix. Médaille de bronze et 150 fr., M. Causse, précité, pour le n° 244.

4e, 5e, 6e et 7e prix. Non décernés.

Mention honorable. M. De Marion-Gaja, pour le n° 242.

FEMELLES PLEINES OU SUITÉES

1er prix. Médaille d'or et 200 fr., M. Rives, précité, pour le n° 262.

2e prix. Médaille d'argent et 175 fr., M. Cau, précité, pour le n° 260.

3e prix. Médaille de bronze et 125 fr., M. Causse, précité, pour le n° 253.

4° prix. Médaille de bronze et 100 fr., M. Alric, à Carlipa (Aude), pour le n° 254.

5° prix. Médaille de bronze et 90 fr., M. Bousquari, à Mont-pellier (Hérault), pour le n° 258.

6°, 7° et 8° prix. Non décernés.

4ᵉ CLASSE. — ANIMAUX DE BASSE-COUR

Médaille d'argent et 50 fr., M. Pitot, à Montpellier (Hérault), pour sa collection n° 271 à 278.

Médaille d'argent et 40 fr., M. Viau, à Avignon (Vaucluse), pour sa collection n° 279 à 293.

Médaille de bronze et 25 fr., M. Bazille, précité, pour le n° 263.

Id. *id.* 25 fr., M. Coste, à Béziers (Hérault), pour les n°ˢ 265 et 266.

SERVITEURS RURAUX

MM. Médard, chez M. Bazille : une médaille d'argent et 100 fr.

Vassoney, chez M. Boch : une médaille d'argent et 85 fr.

Dupuis, chez M. Causse : une médaille d'argent et 70 fr.

Cadanac, chez M. Marion-Gaja : une médaille d'argent et 60 fr.

Raymond, chez M. Sauvajol : une médaille de bronze et 50 fr.

Bracharel, chez M. Trouche : une médaille de bronze et 40 fr.

Clausel, chez M. Richard : une médaille de bronze et 30 fr.

Lassour, chez M. Audouard : une médaille de bronze et 25 fr.

Quilla, chez M. Jany : une médaille de bronze et 20 fr.

Sarbon, chez M. Jambon : une médaille de bronze et 20 fr.

3ᵉ DIVISION

MACHINES & INSTRUMENTS AGRICOLES

EXPOSANTS DE LA RÉGION

1ʳᵉ Sous-Section. — Travaux d'extérieur

1° *Charrues.*

Rappel de médaille d'or, M. Maraval, à Marseille (Bouches-du-Rhône), pour les nᵒˢ 165 à 172.

1ᵉʳ prix. Une médaille d'or, non décerné.

2ᵉ prix. Une médaille d'argent, M. Soula, à Garons (Gard), pour le nᵒ 299.

3ᵉ prix. Une médaille de bronze, M. Viau, à Avignon (Vaucluse), pour le nᵒ 346.

2° *Charrues sous-sol.*

Prix non décernés.

3° *Herses.*

1ᵉʳ prix. Une médaille d'argent, M. Maraval, précité, pour le nᵒ 174.

2ᵉ prix. Une médaille de bronze, M. Raymond (Jean), à Garons (Gard), pour le nᵒ 224.

4° *Rouleaux.*

Prix non décernés.

5° *Scarificateurs et Extirpateurs.*

1ᵉʳ prix. Une médaille d'argent, M. Raymond, précité, pour le nᵒ 234.

2ᵉ prix. Une médaille de bronze, M. Hacquard cadet, à Nîmes (Gard), pour le nᵒ 151.

6° *Semoirs.*

Pas d'intruments présentés.

7° *Houes à cheval.*

Prix non décernés.

8° *Butteurs.*

Prix unique. Une médaille de bronze. Non décerné.

9° *Machines à faucher les prairies naturelles ou artificielles.*

1er prix. Une médaille d'or, M. Maraval, précité, pour le n° 178.

1er et 2e prix. Pas d'instruments présentés.

10° *Machines à faner.*

Pas d'instruments présentés.

11° *Râteaux à cheval.*

Rappel de médaille d'argent, M. Maraval, précité, pour le n° 79.

1er prix. Une médaille d'argent, Ladevèze, à Villasavary (Aude), pour le n° 158.

2e prix. Une médaille de bronze. Non décernée.

12° *Machines à moissonner.*

Rappel de médaille d'or, M. Maraval, précité, pour le n° 177.

Pas d'instruments présentés.

13° *Véhicules destinés aux transports ruraux.*

1er prix. Une médaille d'or, non décerné.

2e prix. Une médaille d'argent, M. Bernard (Gaspard), à Montpellier, pour le n° 14.

3e prix. Une médaille de bronze, M. Raymon (Jean), précité, pour le n° 238.

14° *Harnais propres aux usages agricoles.*

1er prix. Une médaille d'argent, M. Gros, à Montpellier, pour le n° 49.

2e prix. Une médaille de bronze, non décerné.

15° *Pompes à purin.*

Pas d'instruments présentés.

16° *Ruches.*

Pas d'instruments présentés.

17° *Araires vigneronnes à une et deux bêtes.*

1er prix. Une médaille d'or. Non décerné.

2° prix. Une médaille d'argent, M. Soula, précité, pour le n° 306.

3° prix. Une médaille de bronze, M. Viau, précité, pour le n° 340.

Mention honorable, M. Potavin, à Olonzac (Hérault), pour le n° 211.

Mention honorable, M. Riols, à Bessan (Hérault), pour le n° 274.

18° *Extirpateurs, houes à cheval pour la culture de la vigne.*

1er prix. Une médaille d'argent, M. Maraval, précité, pour le n° 173.

2e prix. Une médaille de bronze, M. Séguy, à Béziers (Hérault), pour le n° 311.

19° *Instruments pour tailler la vigne.*

1er prix. Une médaille d'argent, M. Trabuc, à St-Hippolyte (Gard), pour le n° 324.

2e prix. Une médaille de bronze. Non décerné.

20° *Appareil pour le transport de la vendange*

1er prix. Une médaille d'argent. Non décerné.

2e prix. Une médaille de bronze, M. Gros, précité, pour le n° 50.

21° *Collections d'instruments à main pour les travaux extérieurs.*

1er prix. Une médaille d'argent, MM. Clauzel et Cie, à Sauve (Gard), pour les nos 33 à 36.

2e prix. Une médaille de bronze, Eybert et Moynier, à Pont-Saint-Esprit (Gard), pour le n° 84.

Instruments non prévus au programme

Une médaille d'or, M. Formis-Benoît, à Montpellier, pour son moteur à vent, portant le n° 129.

2e Sous-Section. — Travaux d'intérieur

1° Malaxeurs.

Pas d'instruments présentés.

2° Machines à fabriquer les tuyaux de drainage.

Pas d'instruments présentés.

3° Collections d'instruments pour le drainage.

1er prix. Une médaille d'argent, MM. Bel et Guirail, à Carcassonne (Aude), pour les nos 6 à 13.

2e prix. Une médaille de bronze, M. Fabre, à Béziers (Hérault), pour le n° 97.

4° Manéges applicables aux divers besoins de l'agriculture.

Prix non décernés.

5° Machines a vapeur fixes, applicables à la machine à battre ou à tout autre usage agricole

Pas d'instruments présentés.

6° Machines à vapeur mobiles, applicables à la machine à battre ou à tout autre usage agricole.

Pas d'instruments présentés.

7° Machines à battre fixes, rendant le grain tout nettoyé, propre à étre conduit au marché.

Pas d'instruments présentés.

8° Machines à battre mobiles, rendant le grain tout nettoyé, propre à étre conduit au marché.

Pas d'instruments présentés.

9° Machines à battre fixes, rendant le grain vanné.

Pas d'instruments présentés.

10° Machines à battre mobiles, rendant le grain vanné.

Pas d'instruments présentés.

11° Machines à battre fixes, ne vannant ni ne criblant.

1er prix. Une médaille d'argent, M. Maraval, précité, pour le n° 180.

2e prix. Non décerné.

12° Machines à battre mobiles, ne vannant ni ne criblant.

Pas d'instruments présentés.

13° Tarares.

1er prix. Une médaille d'argent, M. Eybert, à Pont-St-Esprit (Gard), pour le n° 74.

2e prix. Une médaille de bronze, M. d'Ourche, à Aix (Bouches-du-Rhône), pour le n° 207.

14° Cribles et trieurs.

1er prix. Non décerné.

2e prix. Une médaille de bronze, M. Ladevèze, à Villa-Savary (Aude), pour le n° 161.

15° Concasseurs de graines.

Pas d'instruments présentés.

16° Coupe-racines.

1er prix. Une médaille d'argent, M. Ladevèze, précité, pour le n° 159.

2e prix. Non décerné.

17° Hache-paille.

1er prix. Une médaille d'argent, M. Viau, à Avignon (Vaucluse), pour le n° 354.

2e prix. Une médaille de bronze, M. Maraval, précité, pour le n° 353.

18° Appareils à cuire les aliments destinés aux bestiaux.

Pas d'instruments présentés.

19° Barattes.

Pas d'instruments présentés.

20° Bascules pour peser les animaux et les fourrages.

1er prix. Une médaille d'argent, M. Sagnié, à Montpellier, pour les n°s 284 à 292.

5e prix. Une médaille de bronze, MM. Viguié et Fourcade, à Montpellier, pour les n°s 363 à 367.

21° *Machines à fouler et manipuler le raisin.*

1er prix. Une médaille d'argent, M. Faure aîné, à Azille (Aude), pour le n° 122.

2e prix. Non décerné.

22° *Pressoir à vin mobiles.*

1er prix. Une médaille d'or, M. Tarbouriech, à Pézenas (Hérault, pour le n° 213.

2e et 3e prix. Non décernés.

23° *Pressoirs à vin fixes.*

1er prix. Une médaille d'or, M. Formis, à Montpellier (Hérault), pour le n° 125.

2e prix. Une médaille d'argent, M. Eybert, précité, pour les n°s 61 à 64.

3e prix. Une médaille de bronze, M. Rey, à Montpellier, pour le n° 264.

24° *Tonnellerie grosse, de 10 à 500 hectolitres.*

1er prix. Une médaille d'or, M. Reynès, à Bouzigues (Hérault), pour le n° 271.

2e et 3e prix, pas d'instruments présentés.

25° *Tonnellerie ordinaire.*

1er prix. Une médaille d'or, M. Lanette, à Cette (Hérault), pour le n° 162.

2e prix. Une médaille d'argent, M. Servières, à Nîmes (Gard), pour le n° 273.

3e prix. Non décerné.

26° *Bondes à fermer les tonneaux de toute espèce.*

1er prix. Une médaille d'argent, M. De Martin, à Montpellier, pour le n° 189.

27° *Pompes à vin fixes.*

1er prix. Une médaille d'or, M. Vigouroux, précité, pour le n° 355.

2e prix. Une médaille d'argent, M. Coquinet, à Montpellier, pour les n°s 39 à 48.

3e prix. Une médaille de bronze, M. Rey, précité, pour le n° 265.

28° *Pompes à vin mobiles.*

1er prix. Une médaille d'or, M. Formis, précité, pour le n° 128.

2e prix. Une médaille d'argent, M. Maraval, précité, pour le n° 186.

3e prix. Une médaille de bronze, M. Jaoul, à Montpellier, pour le n° 154.

29° *Pompes à vin mobiles, pouvant servir de pompes à incendie.*

1er prix. Une médaille d'or, M. Fafeur, à Carcassonne (Aude), pour le n° 102.

2e prix. Une médaille d'argent, M. Rouviéres, à Nîmes (Gard), pour le n° 281.

3e prix. Une médaille de bronze, Germa, à Montpellier, pour le n° 136.

30° *Appareils distillatoires à fabriquer les eaux-de-vie.*

Prix non décernés.

31° *Appareils distillatoires à fabriquer les eaux-de vie et les esprits.*

1er prix. Une médaille d'or, M. Cassan, à Montpellier, pour le n° 25.

2e prix. Une médaille d'argent, M. Raynal, à Narbonne (Aude), pour le n° 267.

3e prix. Non décerné.

32° *Appareils distillatoires à fabriquer l'alcool de marc, et mixtes pour l'alcool bon goût et l'alcool de marc.*

Pas d'instruments présentés.

33° *Instruments propres à soufrer la vigne.*

1er prix. Une médaille d'argent, M. Granal, à Béziers (Hérault), pour le n° 146.

2e prix. Une médaille de bronze, M. Vessière, à Montpellier, pour le n° 327.

34° *Machines à broyer les olives.*

Pas d'instruments présentés.

35° *Pressoirs à huile.*

Pas d'instruments présentés.

36°, Coupe-feuilles.

Pas d'instruments présentés.

37° Appareils à déliter.

Pas d'instruments présentés.

38° Appareils à étouffer les cocons.

Pas d'instruments présentés.

39° Collections d'instruments et d'ustensiles d'intérieur de ferme

Pas d'instruments présentés.

2e SECTION. — EXPOSANTS ÉTRANGERS A LA RÉGION

1re Sous-Section. -- Travaux d'extérieur

1° Charrues

1er prix. Médaille d'or, M. Roland, à Lyon (Rhône), pour
les nos 491 à 497.

2° Herses

1er prix. Médaille d'argent, M. Roland, précité, pour le no 502.

3° Râteaux à cheval

1er prix. Médaille d'argent, M. Roland, précité, pour le no 505.

4° Pompes à purin

2e prix. Médaille de bronze, M. Eldin, à Lyon (Rhône), pour
le no 409.

Instruments non prévus au programme

Médaille de bronze, M. Saint-Père fils, à Paris, pour les nos
507 et 508. (Antibélier et raccord porte-manomètre.)

2e Sous-Section. — Travaux d'intérieur

Manéges

1er prix. Non décerné.

2e prix. Médaille d'argent, M. Cusson, à Aiguillon (Lot-et-
Garonne), pour les nos 400 et 401.

Tarares

1er prix. Médaille d'or, M. Garnier, à Redon (Ille-et-Vilaine), pour le n° 434.

Cribles et Trieurs

1er prix. Médaille d'argent, M. Lhuillier, à Dijon (Côte-d'Or), pour le n° 462.

Concasseurs

1er prix. Médaille d'argent, M. Paulvé, à Troyes (Aube.) pour le n° 486.

Hache-paille

1er prix. Médaille d'argent, M. Paulvé, précité, pour les nos 488 à 490.

2e prix. Médaille de bronze, M. Garnier, précité, pour le n° 427.

Appareils à cuire les aliments

1er prix. Médaille d'argent, Mme Charles, à Paris, pour le n° 383.

Barattes

1er prix. Médaille d'argent, Mme Charles, précitée, pour le n° 386.

Pressoirs à vin mobiles

1er prix. Médaille d'or, M. Mannequin, à Troyes (Aube), pour le n° 476.

2e prix. Médaille d'argent, M. Mabile, à Amboise (Indre-et-Loire), pour le n° 467.

Pressoirs fixes à vin

1er prix. Médaille d'or, M. Samain, à Blois (Loir-et-Cher), pour les nos 510 et 511.

2e prix. Médaille d'argent, M. Juvenneton, à Tournon (Ardèche), pour les nos 452 à 470.

Pompes à vin fixes

2e prix. Médaille d'argent, M. Eldin, à Lyon, pour le n° 406.

Pompes à vin mobiles

Rappel de médaille d'or, MM. Deumont et Neuté, à Paris, pour le n° 483.

Pompes à vin mobiles et à incendie

3ᵉ prix. Médaille de bronze, M. Noël, à Paris, pour les nᵒˢ 484 et 485.

Collection d'instruments divers pour l'intérieur de ferme

1ᵉʳ prix. Médaille d'argent, Mᵐᵉ Charles, précitée, pour les nᵒˢ 383 à 385.

Instruments non prévus au Programme

Médaille d'argent, M. Louet, à Issoudun (Indre), pour ses raidisseurs de fils de fer, nᵒˢ 406 et 408.

Médaille d'argent, M. Belleville, à Toulouse (Haute-Garonne), pour ses buses, nᵒˢ 378 à 380.

Médaille d'or, M. André, à Nîmes (Gard), pour une émondeuse, nᵒ 1.

Médaille d'argent, M. Farjon, de Bessan, pour ses cercles, nᵒ 120.

Médaille d'argent, M. Dourche, précité, pour sa machine à couper le sucre, nᵒ 208.

Médaille d'argent, M. Raynal, précité, pour son appareil de chauffage, nᵒ 266.

Médaille d'argent, M. Raymond, à Pont-Saint-Esprit (Gard), pour son hâche-sarment, nᵒ 263.

Médaille de bronze, M. Relin, à Montpellier, pour son rayonnage, nᵒ 268.

Médaille de bronze, M. Fournier, à Montpellier, pour son liquomètre, nᵒ 131.

PRODUITS AGRICOLES ET MATIÈRES UTILES A L'AGRICULTURE

Médailles d'or

Mᵐᵉ veuve Connes, à Saint-André-de-Sangonis (Hérault) : vin rouge, nᵒ 115.

MM. Bérard frères, à Lunel (Hérault) : vin muscat, nᵒ 31.

M. le comte de Rodez, à Saint-Bauzille-de-Putois (Hérault) : collection de cocons vers à soie, nᵒ 351.

M. Des Hours-Farel, à Montpellier (Hérault) : soufre brut trituré, n° 233.

Rappel de Médailles d'or

M. Hortolès, à Montpellier (Hérault) : collection d'arbres fruitiers, n° 230.

M. Pascal, à Fréjus (Gard) : chêne-liége, n°ˢ 307 à 309.

Médailles d'argent

M. Dalichoux, à Saint-André-de-Sangonis (Hérault) : vin rouge 1867, n° 155.

M. de Surville à Générac (Gard) : collection vin, n°ˢ 382 et 383.

M. Fenouillat, à Saint-George (Hérault) : vin rouge, n° 187.

M. Giacomini (don Jacques), à Sainte-Lucie-de-Talano (Corse) : vin rouge 1860, n° 217.

M. Pierre Boyer, à Béziers (Hérault) : collection d'eaux-de-vie, n°ˢ 80 à 87.

M. Trouche, à Arles (Bouches-du-Rhône) : toison mérinos, n°ˢ 403 et 404.

M. Cadenat, au Vigan (Gard) : collection de cocons, n° 500.

M. Bouschet, à Montpellier (Hérault) : huile d'olives, n° 72.

M. Grégoire, à Montpellier (Hérault) : pêchers tabulaires, n°ˢ 224 à 227.

M. Henri Alric à la Vacquère (Hérault) : fromages roquefort, n° 3.

M. Meynier, à Montpellier (Hérault) : pâtes alimentaires, n°ˢ 285 et 286.

M. Mazade, à Marseille (Bouches-du-Rhône) : soufre sublimé, n°ˢ 288 et 289.

Rappel de Médailles d'argent

Mᵐᵉ la baronne de Page, à Louamarin (Vaucluse) : collection de cocons, n°ˢ 302 à 306.

MM. Blétris et Ressaigère, à Avignon (Vaucluse) : chardon cardé, n° 44.

MM. Guigne frères, à Carpentras (Vaucluse) : cordages divers, n° 501.

M. Dugaret fils, à Lunel (Hérault) : fromage lunellois, n° 179.

Médailles de bronze

M. Sauvajol à Lunel (Hérault) : toison de brebis barbarines, n° 375.

M. Geymer, à Maussane (Bouches-du-Rhône) : huile d'olive, n° 200.

M. Reinaud, à Montpellier (Hérault) : miel, n° 333.

M. Sicard, à Marseille (Bouches-du-Rhône) : produit de l'*eucalyptus globulus,* n° 380.

M. Gautier, à Saint-Rémy (Bouches-du-Rhône) : mastic à froid, n° 198.

M. Audouard, à Marseillan (Hérault) : vin blanc 1867, n° 16.

M. Bouisson, à Saint-André-de-Sangonis (Hérault) : vin rouge 1867, n° 48.

M. Mestre, à Saint-Gilles (Gard) : tokai sec 1864, n° 282.

M. Nichet, à Gigean (Hérault) : vin rouge 1865, n° 289.

M. Olivier, à Avignon (Vaucluse) : vin 1865, n° 299.

M. Sauvajol, à Lunel (Hérault) : vin de Lunel 1863, n° 370.

M. Bouschet, à Montpellier (Hérault) : vin rouge 1865 n° 4, n° 71.

M. Guiraud, de Nîmes (Gard) : vin rouge 1867, n° 126.

Mme veuve Julien, de Nîmes (Gard) : vin rouge 1867, n° 134.

M. Singla, de Rivesaltes (Pyrénées-Orientales) : vin fin, n° 395.

M. le marquis de Turenne, à Montarnaud (Hérault) : vin rouge 1864, n° 413.

M. Tindel, à Maraussan (Hérault), muscat 1867, n° 398.

M. Lacrouzette-Bellonnet, à Frontignan (Hérault) : collection vin muscat, n°s 241 à 253.

M. Jourdan, à Saint-André-de-Sangonis (Hérault) : vin rouge, n° 238.

Mentions honorables

M. Bancal, à Montpellier (Hérault) : liége, n° 21.

M. Bertrand, à Béziers (Hérault) : collection de vins, n°s 33 à 42.

M. Lutrand, à Montpellier (Hérault) : collection de vinaigres, n° 260.

M. Klemschmidt, à Montpellier (Hérault) : collection de vinaigres, n°s 239 à 240.

M. Affre, à Narbonne (Aude) : vin rouge 1867, n° 1.

M. D'Astima, à Cervione (Corse) : vin d'Algetto, n° 8.

M. Cauquille, à St-André-de-Sangonis (Hérault) : vin d'alicante, n° 95.

M. Caussignac, à St-Bauzille-de-Putois (Hérault) : vin rouge, n° 97.

M. Suquet, à Nîmes (Gard) : vin rouge, n° 120.

M. Déjean, à Popian (Hérault) : vins blancs, n°° 160 et 162.

M. Tanjant, à Lodève (Hérault) : vin rouge, n° 181.

M. Gaujal, à Pinet (Hérault) : vins blancs, n°° 195 et 196.

M. Granel, à Gourgazaud (Aude) : vin noir, n°° 209 à 214.

M. de Masquard, à Nîmes (Gard) : vin rouge, n°° 274 à 276.

M. Pont, à Aniane (Hérault) : vin blanc, n° 317.

M. Rouquette, à St-André-de-Sangonis (Hérault) : vin rouge, n° 354.

M. le marquis de Turenne, à Montarnaud (Hérault) : vin de Tokay, n°° 416, 417, 419, 423.

M. Valabrègues, à Carpentras (Vaucluse) : vin rouge, n° 427.

M. Tindelle, à Maraussan (Hérault) : vin d'alicante, n° 401.

M. Villar, à St-André-de-Sangonis (Hérault) : vin rouge, n° 435.

Exposition annexe de la Société centrale d'agriculture de l'Hérault

LISTE DES RÉCOMPENSES

GRAND PRIX D'HONNEUR

Le département de l'Hérault s'étant volontairement mis hors concours pour le grand prix d'honneur et pour les deux grandes médailles de Son Excellence M. le Ministre de l'agriculture, du commerce et des travaux publics, la grande médaille d'or, à l'effigie de Son Altesse le Prince impérial, a été décernée au Comice viticole de Perpignan, pour l'exposition collective des vins des Pyrénées-Orientales.

La médaille d'or donnée par S. Exc. M. le Ministre de l'agriculture a été décernée au Comice viticole de Narbonne (Aude), pour l'exposition collective des vins du département de l'Aude.

La médaille d'or donnée par S. Exc. M. le Ministre de l'agriculture a été décernée à la Société d'agriculture et d'horticulture d'Avignon, pour l'exposition collective des vins du département de Vaucluse.

PYRÉNÉES-ORIENTALES

Vins de couleur

Hors concours, n° 32, M. Duverney, à Espira-de-l'Agly, vin rouge Roussillon, 1867.

Médaille d'or, n° 3, M. François Chalureau. à Case-de-Pène, vin rouge, 1867.

Médaille de vermeil, n° 26, M. François Fabre, à Rivesaltes, vin rouge, 1867.

Médaille d'argent, n° 25, M. J. Ay-Dumas, à Rivesaltes, vin rouge, 1867.

Hors concours, n° 27, M. Numa Lloubes, à Perpignan, vin rouge, 1867, de Bages et St-André.

Médaille d'argent, n° 28, M. Honoré Bocamy, à St-André , vin rouge, 1867.

Médaille d'argent, n° 20, M. de Çagarriga, à Espira, vin rouge, 1867.

Médaille d'argent, n° 6, M. Paul Coronat, à la Tour-de-France, vin rouge, 1867.

Médaille de bronze, n° 12, M. Fabre-Louis Llimousi, à Estagel, vin rouge, 1867,

Médaille de bronze, n. 29, M. Delpech-Larrive, à Perpignan, vin rouge, 1867.

Médaille de bronze, n° 21, M. Jacques Astruc, à Perpignan, vin rouge, 1867.

Médaille de bronze, n° 31, M. Sèbe Domenech, à Nyls, vin rouge, 1867.

Mention honorable, n° 35, M. Augustin Janer, à Cabestany, vin rouge, 1867.

Mention honorable, n° 2, M. Baptiste Barthe, à Tantavel, vin rouge, 1867.

Mention honorable, n° 1, M. Casimir Tiplié, à Tantavel, vin rouge, 1867.

Mention honorable, n° 30, M. Isidore Sèbe, à Canohès, vin rouge, 1867.

Mention honorable, n° 16, M. François Montegut, à Cassagnes, vin rouge, 1867.

Vins rouges doux

Médaille de vermeil, n° 41, M. François Pi, à Cosprons, 1867.

Hors concours, argent, n° 32, M. Philippe Duvernay, à Espira.

Vins de liqueur et vins de dessert

Médaille d'argent, n° 39, Société agricole, scientifique et littéraire de Perpignan, muscat d'Espira, 1863.

Hors concours, bronze, n° 32, M. Philippe Duverney, à Espira, muscat, 1850.

Médaille de bronze, n° 39t, Société agricole, scientifique et littéraire de Perpignan, grenache, 1860.

Hors concours, n° 32s, M. Philippe Duverney, à Espira, malvoisie.

Mention honorable, n° 32k, M. Philippe Duverney, à Espira, macabeu.

Mention honorable, n° 17, M. Baptiste Barraut, à Cassagnes, vin blanc, 1867.

Mention honorable, n° 35, M. Augustin Janer, à Perpignan, malvoisie 1864.

AUDE

Prix d'honneur, médaille d'or du Ministre de l'agriculture, du Comice viticole de Narbonne (Aude), pour l'exposition collective des vins du département de l'Aude.

Vins rouges de couleur

Médaille de vermeil, n° 3, M. Louis Auzoulat, à Fitou, 1867.

Médaille d'argent, n° 25, M. Emile Fabre, à Cruscades, 1867.

Médaille d'argent, n° 6, M. Louis Mailhac, à La Palme, 1867.

Médaille d'argent, n° 1, M. Jules Fabre, à Ornaisons, 1867.

Médaille de bronze, n° 21, Mme veuve Boudet, à Leucate, 1867.

Médaille de bronze, n° 15, M. Prosper Grizant, à Leucate, 1867.

Médaille de bronze, n° 11, M. Pujol, à Leucate, 1867.

Mention honorable, n° 25, M. Fabre, à Canet, 1867.

Mention honorable, n° 23, Mme veuve Barthe, à Roquefort, 1867.

Mention honorable, n° 32, M. Louis de Martin, à Lézignan, pour ses vins faits à l'abri de l'air.

Mention honorable, n° 5, M. Vallière, à St-Salvaire, près Narbonne, 1865.

Mention honorable, n° 26, Mme Daude, à Cruscades, 1867.

Médaille de bronze, n°13, M. Dieudonné Benezet, à Ribaute, vin blanc mousseux.

Médaille de bronze, n° 33, M. Alibert, à Esperaza, vin de table 1864, 1866, 1867.

Mention honorable, n° 29, M. Alexandre Denille, à Saint-Martin-le-Vieil, vin de table du clos Saint-Bernard, 1867.

HÉRAULT

Vins rouges. -- Vins de plaine.

Médaille d'argent, n° 123, M. Jules Marqués, à Lansargues, 1867,

Médaille d'argent, n° 6, M. Philippe Nichet, à Fabrègues , 1864.

Médaille d'argent, n° 93, M. Ulysse Sauvajol, à Lunel, 1867.

Médaille de bronze, n° 97, M. de Mounié, à Montpellier, 1867.

Médaille de bronze, n° 45, Jean Belugou, à Saint-Pons-de-Mauchiens, 1867.

Médaille de bronze, n° 161, Mme Des Hours, à Mauguio, 1867.

Médaille de bronze, n° 59, M. Henri Guizard, à Fabrègues, 1867.

Mention honorable, n° 130, M. Argence, à Villeneuve-lez-Béziers, 1867.

Hors concours : MM. L. Vialla, J. Bouscaren, Saintpierre, L. Pargoire.

Montagnes légers

Médaille d'or, n° 249b, M. Bouisson, professeur à la Faculté de médecine, vin de Grammont, 1867.

Médaille d'argent, n° 101, M. Massane, à Montpellier, 1866.

Médaille d'argent, n° 20b, M. Georges de Bernard, à Clermont-l'Hérault, 1867.

Médaille de bronze, n. 56b, M. Amadou, maire, à Lavérune, 1867.

Médaille de bronze, n° 226, M. Audéma-Atger, à Castries, 1867.

Hors concours, n° 220a, M. Alfred Bouscaren, au Terral, 1866, 1867.

Hors concours, n° 245a, M. L. d'Albenas, à Loupian, 1866, 1867.

Médaille de bronze, n° 12a, M. Charles Lugagne, à Clermont, 1867.

Médaille de bronze, n° 140, M. Louis Langlade, à Roujan, 1867.

Médaille de bronze, n° 224b, M. le duc de Castries, à Castries.

Médaille de bronze, n° 252o, Mme Westphal-Castelnau, à Montpellier, vin de 1862.

Hors concours, 11a, M. Henri Bouschet, à Clermont-l'Hérault, vin de 1866.

Montagnes ordinaires

Médaille d'or, n° 177, Mme veuve Connes, à Saint-André-de-Sangonis, 1867.

Médaille d'argent, n° 144g, M. le comte de Turenne, à Pignan, 1865.

Médaille d'argent, n° 219, M. Martin Pégurier, à Saint-André-de-Sangonis, 1867.

Médaille de bronze, n° 244, M. Cadilhac, à Puisserguier, 1867.

Médaille de bronze, n° 168a, M. Cernin Cauquil, à Saint-André-de-Sangonis, 1867.

Médaille de bronze, n° 162, M. Gras, à Montpellier, 1867.

Médaille de bronze, n° 254, M. Adolphe Ricard, à Celleneuve, 1867.

Mention honorable, n° 98c, M. Adrien Donnat, à Balaruc, 1867.

Mention honorable, n° 20c, M. G. de Bernard, à Clermont, 1867.

Mention honorable, n° 15, M. Fraisse, à Clermont, 1867.

Montagnes foncés

Médaille d'or, n° 110, M. de Marveille, à Saint-Gély-du-Fesc, 1867.

Médaille d'argent, n⁰ 78, M. Victor Plauzolles, à Servian, 1867.

Médaille d'argent, n⁰ 183, M. Léon Bouisson, à Saint-André-de-Sangonis, 1867.

Médaille de bronze, n⁰ 182, M. Théodose Rouquet, à Saint-André-de-Sangonis, 1867.

Médaille de bronze, n⁰ 155, M. Ernest Blouquier, à Claret, 1867.

Médaille de bronze, n⁰ 42, Mᵐᵉ veuve Portal, à Magalas, 1867.

Médaille de bronze, n⁰ 198, M. Paulet Cousin, à Saint-André-de-Sangonis, 1867.

Mention honorable n⁰ 178, M. Emile Chauchard, à Saint-André-de-Sangonis, 1867.

Mention honorable, n⁰ 173b , M. Jean Léotard, à Saint-André-de-Sangonis, vin vieux de 1858.

Mention honorable, n⁰ 144, M. le comte de Turenne, à Pignan, vin vieux de 1866.

Mention honorable, n⁰ 66b., M. Genieys, à Adissan, vin vieux de 1864.

Vins fins

Médaille de vermeil, n⁰ 62b, M. Ferouillat, à Saint-Georges, 1867.

Médaille d'argent, n⁰ 67a, M. Rouvière, à Saint-Georges, 1867.

Médaille de bronze, n⁰ 116, M. de la Roque, à Saint-Bauzille-de-la-Silve, 1867.

Médaille de bronze, n⁰ 154d, M. Léon Coulet, à Montpellier, 1867.

Médaille de bronze, n⁰ 138c, M. Granel, à Olonzac, 1865.

Mention honorable, n⁰ 133b, M. Brousse-Courty, à Saint-George, 1866.

Vins de couleur

Médaille de vermeil, n⁰ 143, M. Duvergé, à Saussan, 1867.

Médaille d'argent, n⁰ 4, M. P. Boujol, à Saint-Pons, vin d'Alaigne (canton d'Olonzac), 1867.

Médaille d'argent, n° 21, M. Irénée Beauclair, à Clermont, 1866.

Médaille de bronze, n° 29, M. Pierre Espagnac, à Clermont, 1866.

Hors concours, n° 239, M. Cazalis de Fondouce, à Villeveyrac, 1867.

Médaille de bronze, n° 238, M. Paul Gervais, à Fabrègues, 1866.

Mention honorable, n° 241, M. Auguste Porçon, à Béziers, 1866.

VINS BLANCS. — *Terrets-bourrets*

Médaille d'argent, n° 69e, M. Jean Serre, à Adissan, 1867.

Médaille de bronze, n° 161e, Mme Des Hours, à Mauguio, 1867.

Médaille de bronze, n° 150h, M. Audouard, à Marseillan, 1867.

Mention honorable, n° 25, M. Léon Saumade, à Clermont, 1867.

Mention honorable, n° 156e, M. Dejean, à Popian, 1867.

Hors concours, MM. Vialla, Bouscaren et Coste.

Piquepouls

Médaille d'argent, n° 44, M. Gaston Vernhes, à Magalas, 1867.

Médaille de bronze, n° 81b, M. le marquis de Turenne, à Valmagne, 1867.

Médaille de bronze, n° 115d, M. Lucien Cabanis, à Cournonterral, 1867.

Mention honorable, n° 63b, M. Gaujal de Pinet (collection).

Hors concours, M. Félix Dupin.

Vins blancs secs

Médaille d'argent, n° 150f, M. Audouard, à Marseillan, picardan 1867.

Médaille de bronze, n° 161f, Mme Des Hours, à Mauguio, 1867.

Mention honorable, n° 156b, M. Dejean, à Popian, 1864.

Mention honorable, n° 119, M. Léonard Bonnat, à Marseillan, 1864.

On a remarqué un vin blanc sec, de M. Henri Marès, fait avec du pinot blanc.

Vins blancs doux

Médaille d'or, n° 66c, M. Genieys, à Adissan, 1865.

Médaille d'argent, n° 127d, M. Gabriel Arnaud, à Adissan, 1858.

Médaille d'argent, n° 150c, M. Audouard, à Marseillan, picardan doux, 1860

Médaille de bronze, n° 91a, M. Louis Desfours, à Ganges, vin blanc mousseux, 1867.

Mention honorable, n° 127c, M. Gabriel Arnaud, à Adissan, vin blanc doux, 1867.

Mention honorable, n° 136c, M. Arnal, à Aspiran, 1866.

Muscats

Médaille d'or, n° 79, MM. Bérard frères, à Lunel, 1865.

Médaille d'argent, n° 253c, M. Vialla fils, à Lunel (collection de muscats).

Médaille de bronze, n° 47, M. Barral, à Frontignan (collection de muscats).

Médaille de bronze, n° 5, M. Vouillon-Pastré, à Cazouls-lez-Béziers.

Hors concours, un muscat vieux de M. Daurel.

Vins doux, rouges et blancs

Rappel de médaille de vermeil, n° 260, M. Bertrand aîné, des Balances, à Béziers, pour sa collection de vins.

Médaille d'argent, n° 135f, M. Delhon, à Puissalicon, alicante de 1865.

Médaille d'argent, n° 53a, M. Jayet, à Lunel-Viel, tokay de 1867.

Médaille de bronze, n° 96a, M. Leignadier, à Puissalicon, Rielz doux 1865.

9

Mention honorable, n° 79a, M. Bérard, à Lunel, tokay, 1865.

Mention honorable, n° 166a, M. Albert Bousquet, à Saint-André, alicante 1866-67.

GARD

Médaille d'or, n° 23, M. Rouvière, à Vauvert, vin de couleur 1867.

Médaille d'or, n° 7a, M. le baron de Rivière, à Saint-Gilles, vin de couleur 1867.

Médaille de vermeil, n° 21, M. de Surville, à Saint-Gilles, vins divers.

Médaille d'argent, n° 45, M. Prachazal, à la Cassagne, vin de couleur 1867.

Médaille d'argent, n° 44, M. Veyrier, à Saint-Gilles, vin de couleur et vin blanc.

Médaille d'argent, n° 37k, M. F. Laune, à Manduel, vins divers.

Médaille d'argent, n° 8, M. Mestre, à Saint-Gilles, vin blanc sec et vin blanc doux.

Médaille d'argent, n° 24, M. Isidore Dide, à Uchaud, vins divers.

Médaille d'argent, n° 40, M. Queiranne, à Saint-Laurent, vin de table 1867.

Médaille de bronze, n° 14, M. J. Bénézet, à Vauvert, vin de montagne 1867.

Médaille de bronze, n° 26, M. Jac, à Quissac, vin de montagne 1867.

Médaille de bronze, n° 13, M. Bénézet-Brunet, à Vauvert, vin de couleur 1867.

Médaille de bronze, n° 5a, M. Blaud, à Saint-Gilles, vin de couleur 1867.

Médaille de bronze, n° 30, M. Jean César, à Saint-Gilles, vin de couleur 1867.

Mention honorable, n° 1o, M. Bruguier, à Pont-Saint-Esprit, vin de montagne 1867.

Mention honorable, n° 38, M. Cavalier-Puech à Saint-Gilles, vin de couleur 1867.

Mention honorable, n° 19, M. de Cabrière, à Vauvert, vin de couleur 1867.

Mention honorable, n° 228, M. Maxime de La Baume, à Uzès, vin de couleur 1867.

Mention honorable, n° 36, M. d'Espinassous, à Trespaux vin blanc sec.

Mention honorable, n° 10, M. Charles Vassas, à Nîmes, vin blanc 1864.

Mention honorable, n° 15, M. Hérisson, à Uzès, vin de montagne 1867.

Mention honorable, n° 12, M. d'Anglas, à Congeniès, vin de montagne, 1867.

Mention honorable, n° 6k, M. Durande de Saint-Georges, de Vénéjan, 1867.

VAUCLUSE

Prix d'honneur, grande médaille d'or du ministre de l'agriculture, décernée à la Société d'agriculture et d'horticulture d'Avignon, pour l'ensemble de son exposition.

M. Berton, membre du jury, dont les vins ont été remarqués en première ligne, a été mis hors concours.

Médaille de vermeil, n° 24, M. le comte de Courten, à Châteauneuf-des-Papes, vin rouge 1867.

Médaille d'argent, n°s 94, 95, 96, M. Martin Moricelly, à la Solitude-Châteauneuf, vin rouge.

Médaille d'argent, n°s 122, 124, 125, M. Joseph Paillet, à Courthézon, pour ses vins de 1863-66-67.

Médaille d'argent, n°s 116, 119, M. Rey, à Courthézon.

Médaille d'argent, n° 164, M. de Ribiers, à Gadagne, vin dit de la Chapelle.

Médaille d'argent, n°s 135, 134, 130, M. le comte Fernand de Brucher, pour son vin d'Aistier et de Saint-Georges.

Médaille d'argent, n°s 46, 44, M. Olivier, au Pontet, vin de garrigue, dit de l'Oseraie.

Médaille de bronze, n° 28, M. Bertrand, à Châteauneuf, vin de Châteauneuf.

Médaille de bronze, n°s 92, 90, M. Kutzman, à Avignon, vin de la Gardiole.

Médaille de bronze, n°ˢ 102, 106, MM. Gontard et Establet, à Courthézon, vin de Saint-Joseph.

Médaille de bronze, n° 121, M. Eyme, à Courthézon, cru de garigues.

Médaille de bronze, n° 14, M. Bazille Pousson, vin de Châteauneuf.

Médaille de bronze, n° 10, M. Prosper Mathieu, vin de Châteauneuf.

Mention honorable, n° 35, M. Brunel, vin de Châteauneuf-du-Pape.

Mention honorable, n° 127, M. Masson, à Courthézon, vin des plaines de Courthézon.

Mention honorable, n° 31, M. Blanchet, vin de Châteauneuf.

Mention honorable, n° 40, M. Chauvin, vin de Châteauneuf.

Mention honorable, n° 33, M. Chabert, vin de Châteauneuf.

Comice agricole de Carpentras

Médaille d'argent, n° 160, M. Delègue, à Sargians, vin rouge, 1863-64.

Médaille de bronze, n° 150a, M. Morierlotelier, à Loriol, grenache 1865.

Mention honorable, n° 150b, M. Morierlotelier, à Loriol, grenache 1867.

Mention honorable, n° 155, M. Constantin, à Carpentras, pour sa collection.

BOUCHES-DU-RHÔNE

Médaille d'argent, n° 5b, MM. Monier frères, au château de Bonneval, commune de Charleval, vin rouge.

Médaille de bronze, n° 6d, M. Disnard, Arles, vin du vignoble Tapie-Crau-d'Arles.

VAR

Médaille d'argent, n° 1e, M. Ravel, pour la commune de Pierrefeu, vin rouge.

Médaille de bronze, n. 5b, M. Decugis, à Toulon, cru de Bandol 1867.

Mention honorable, n° 1a, M. Ravel, à Pierrefeu.

Mention honorable, n° 5a, M. Decugis, à Toulon, cru de Bandol 1866.

Mention honorable, n° 4, M. Girard, à Hyères, vin blanc du château de Borel 1863.

ALPES-MARITIMES

Médaille d'argent, n° 4b, M. Chabert Plaucheur, à Antibes, vins rouge du clos Chabert 1867.

Médaille de bronze, n° 3b, M. Jaume, à Nice, vin rouge 1867.

Médaille de bronze, n° 3d, M. Jaume, à Nice, vin blanc 1867.

Mention honnorable, n° 3c, M. Jaume, à Nice, vin blanc 1866.

CORSE

Mention honorable, n° 1a, M. d'Astima, à Cervione, vin rouge 1867.

Vins d'imitation

Médaille d'argent, n° 258, M. Wimberg, à Cette, pour sa collection de vins imités de Cette.

Médaille d'argent, n° 163, M. Torquebiau, à Cette, pour sa collections de vins imités de Cette.

Hors concours, comme membre du jury, n° 10, M. Wachter, à Cette, pour sa collections de vins imités de Cette.

Hors concours, comme membre du jury, n° 267, MM. Blouquier et Leenhardt, pour leur collection de vins imités de Cette.

ALCOOLS. — EAUX-DE-VIE. — LIQUEURS.

Alcool et eaux-de-vie

Rappel de médaille d'or, n° 146, M. Boyer, distillateur à Béziers, collection d'eaux-de-vie.

Médaille de vermeil, n° 135k, M. Delhon, docteur-médecin à Puissalicon, collection d'eaux-de-vie 1848.

Médaille d'argent, n° 221, M. Renaud, à Béziers, collection d'eau-de-vie.

Médaille d'argent, n° 156, M. Déjean, à Popian, eau-de-vie 1866.

Rappel de médaille d'argent, n° 169, M. Revel, à Saint-André-de-Sangonis, eau-de-vie, façon cognac, 1866-68.

Médaille de bronze, n° 49, M. Th. Serre, à Montpellier, eau-de-vie 1868.

Médaille de bronze, n° 6, M. Disnard, à la Crau-d'Arles, eau-de-vie blanche.

Médaille de bronze, n° 23, M. Jacques André, à Clermont, eau-de-vie 1869.

Médaille de bronze, n° 14, M. Emile Balp, à Clermont, alcool.

Mention honorable, n° 17, M. Jougla, à Narbonne, eaux-de-vie.

Mention honorable, n° 39, le comité viticole de Perpignan, eaux-de-vie.

Mention honorable, n° 70, M. Barral, à Florensac, eaux-de-vie 1853.

Liqueurs. — Vermouth. — Absinthe.

Médaille d'argent, n°ˢ 50 à 55, M. Salanon, à Avignon, collection de liqueurs.

Médaille d'argent, n° 165c, MM. Vivarez fils et Compᵉ, à Cette, vermouth.

Médaille de bronze, n° 229, M. Ed. Pernod, de Lunel, absinthe.

Médaille de bronze, n° 49, M. Th. Serre, à la Grangette, vermouth.

Médaille de bronze, n° 149b, M. Dumec, à Olonzac, liqueurs.

Mention honorable, n° 50, M. Pagès, à Montpellier, bitter.

Mention honorable, n° 31, M. Ollagnier, à Narbonne, vermouth.

Mention honorable, n° 3, M. Combet, à Nîmes, sa liqueur l'Indispensable.

VINAIGRES

Hors concours, M. Lutrand, en première ligne.

Médaille d'argent, n° 135, M. Delhon, docteur-médecin à Puissalicon.

Médaille d'argent, n° 65, M. Taix, à Montpellier.

Médaille de bronze, n° 137, M. de Juvenel, à Pézenas.

Rappel de médaille de bronze, n° 104b, M. Lafon, à Montpellier.

Rappel de médaille de bronze, n° 243, M. Kleinschmidt, à Montpellier.

Rappel de médaille de bronze, n° 181, M. Massane, à Montpellier.

Mention honorable, n° 259b, M. Sauvan, à Lodève.

Mention honorable, n° 2, M. Grange, à Besse-sur-Issole Var).

XVI

BANQUET OFFERT PAR LA SOCIÉTÉ D'AGRICULTURE

La Société centrale d'agriculture de l'Hérault a réuni, selon ses heureuses traditions, les membres du jury du Concours régional dans un somptueux banquet, qui a eu lieu jeudi dernier, comme nous l'avons annoncé, à l'hôtel Bannel.

Au dessert, M. Garnier, préfet de l'Hérault, a porté dans les termes suivants le toast national, à l'Empereur :

MESSIEURS,

Dans une réunion d'agriculteurs, un sentiment de reconnaissance ramène la pensée vers le souverain qui a proclamé bien haut ce grand principe : « *De l'Amélioration ou du déclin de l'agriculture datent la prospérité ou la décadence des empires.* »

Je vous propose donc un toast à l'Empereur !

A la santé de l'Empereur, protecteur de l'agriculture française !

A Napoléon III, dont le pouvoir et la dynastie, issus du suffrage universel, basés sur la volonté nationale, ont des racines profondes dans l'affection et le dévouement des populations rurales.

C'est que les habitants des campagnes, dans leur bon sens et leur droiture, comprennent que l'Empereur est leur ami le plus sincère, que l'amélioration de leur condition est l'objet de ses constantes préoccupations. Dans notre région, où une sécheresse exceptionnelle éprouve cruellement les cultivateurs, leur confiance n'est pas ébranlée, car leurs souffrances, ils le savent, trouvent en haut un écho sympathique.

A vous, Messieurs, qui consacrez à l'agriculture vos lumières et votre expérience, à vous qui lui confiez votre fortune, je pourrais, si le temps et le lieu me le permettaient, rappeler longuement les bienfaits que les campagnes doivent au gouvernement de l'Empereur !

Les villages transformés par l'édification ou la reconstruction des églises et des écoles ;

L'instruction primaire répandue dans les hameaux les plus reculés, et favorisée par la gratuité de l'enseignement ;

Le reboisement des montagnes ;

L'assainissement des marais et la mise en culture des landes ;

La création de nombreux canaux d'irrigation construits à l'aide des subventions de l'État ;

La sériciculture secourue dans sa détresse par la distribution de graines du Japon, et rassurée par les recherches confiées aux savants les plus autorisés ;

La propriété foncière dégrevée, en 1853, de 27 millions ;

La préparation d'un Code rural ;

L'enquête agricole, où tous les propriétaires et agriculteurs ont été appelés en témoignage ;

L'organisation des Concours régionaux et des Comices locaux ;

La place importante assignée à l'agriculture dans l'Exposition universelle, les encouragements et les récompenses décernées dans cette lutte pacifique des nations européennes ;

Le rachat des canaux et l'abaissement des droits de navigation ;

La rapidité et l'économie des transports assurées par les grandes voies ferrées ;

L'adjonction à cet immense réseau de chemins de fer d'intérêt local, encouragés et subventionnés par l'État ;

L'œuvre si intéressante et si féconde de la vicinalité, dont l'achèvement par la loi de dotation est soumise en ce moment aux délibérations du Corps législatif ;

Enfin, et surtout, la liberté commerciale résolument inaugurée et mise en pratique.

Tels sont, entre autres, et résumés trop brièvement, les titres du gouvernement impérial à la sincérité de vos hommages et de votre gratitude.

Si leur signification était méconnue, si l'on dénaturait les actes et les intentions de l'Empereur, si l'on répandait l'inquiétude sur la prospérité et l'avenir du pays, vous, Messieurs, dont je connais le patriotisme, et chez qui la raison parle plus haut que la passion, vous repousseriez ces erreurs et ces vaines craintes.

Aux bruits de guerre, vous opposerez les gages de paix donnés par le gouvernement. La France a et doit avoir la main sur la garde de son épée. Mais la *France sait que l'Empereur est assez fort pour*

*imposer à tous le respect de ses droits, et qu'il est trop loyal voisin,
allié trop fidèle pour menacer ceux des autres.*

À L'EMPEREUR !

Après cette allocution, qui a été accueillie par de chaleureux applaudissements, M. Gaston Bazille, président de la Société d'agriculture, a prononcé le discours suivant :

MESSIEURS,

C'est aujourd'hui la fête de l'agriculture méridionale : buvons à sa prospérité. Souhaitons la bienvenue à tous les hommes éminents qui s'intéressent à cette agriculture, et qui, des divers points de la France, nous ont fait l'honneur de venir s'asseoir autour de cette table. Je vous propose de boire à leur santé.

Les vœux que nous faisons pour notre agriculture du Midi ne sont point des vœux superflus, car elle aussi a ses difficultés et ses mécomptes, et ses succès sont très-souvent entremêlés de crises douloureuses.

On pourrait croire peut-être que le brillant soleil qui réchauffe notre région suffit à tout, et que l'agriculteur de cette heureuse contrée, se laissant aller au charme du *far niente*, trouve la fortune en dormant. Pour nous, hommes du métier, qui voyons de près les rudes labeurs auxquels sont voués les travailleurs des campagnes, qui connaissons les dures épreuves auxquelles ils sont fréquemment soumis, nous savons qu'ici, comme partout, le succès ne s'acquiert qu'au prix d'une lutte de tous les instants ; qu'ici, comme partout, plus que partout ailleurs peut-être, ceux-là seuls atteignent au but qui ne craignent pas d'y arriver le front mouillé de sueur.

Le soleil mûrit toujours nos récoltes, mais il les brûle parfois, et ses rayons trop ardents dessèchent bien souvent notre sol et le frappent de stérilité.

Jusque dans ces dernières années, jusqu'au moment où des juges éclairés et consciencieux sont venus étudier les choses de près, on connaissait peu notre agriculture. Il semblait que, ne voulant pas nous astreindre aux savantes combinaisons des théories agricoles, nous étions des espèces de barbares à jamais condamnés à une agriculture arriérée et routinière. Rejetons loin de nous des épithètes si mal sonnantes et si peu méritées.

Arriérée ! notre agriculture qui, comprenant bien vite l'immense avantage de spécialiser les cultures, s'est livrée avec un entraînement réfléchi à la culture de la vigne, à peu près la seule que le

climat extrème du Midi rendait possible et vraiment rémunératrice.
— Arriérée! cette agriculture qui, sachant qu'on ne réussit que par
l'emploi de toutes les forces disponibles, n'a pas hésité à immobi-
liser les capitaux, fruits de trente ans de travail et d'économie. —
Arriérée! une agriculture qui a su introduire avec profit dans ses
plus vastes domaines les procédés de la culture jardinière, l'un de
ces *desiderata* que les maîtres indiquent comme un but éloigné et
presque impossible à atteindre. Ce ne sont pas des routiniers, ceux
qui s'emparent dès leur apparition des découvertes de la science ;
on discute encore sur bien des points l'utilité du soufrage de la
vigne ; ici, depuis douze ans, l'oïdium, victorieusement combattu,
malgré sa persistance et son étonnante puissance de reproduction,
ne recouvre plus une seule grappe de ses filaments destructeurs.

La science établit que les fermentations alcooliques se font
mieux, plus complétement, dans des vases clos ; sur-le-champ, de
vastes celliers où sont rangés avec une intelligente symétrie de
magnifiques, mais de coûteux vaisseaux de bois de chêne, remplacent les anciennes cuves de pierre.

L'expérience prouve que les vendanges précoces donnent un vin
mieux fait, d'une conservation plus assurée; aussitôt les vignes
sont dépouillées de leurs fruits dès les premiers jours de septembre,
ét les pluies d'équinoxe ne peuvent plus pourrir une partie des
raisins.

Non, ce n'est pas la routine qui règne dans notre région ; j'y vois,
au contraire, de tous côtés, travail, progrès, désir incessant de
mieux faire. A ce prix, le succès est bien l'œuvre du laboureur et
non le résultat unique de saisons favorables. Rendons justice aux
cultivateurs du Midi ; buvons à leur laborieuse persévérance ; puisse
ce travail intelligent et fécond être toujours en honneur dans nos
campagnes !

Messieurs, à la prospérité de l'agriculture méridionale, à la santé
de ses dignes représentants qui ont bien voulu nous apporter le
concours de leur expérience et de leurs lumières !

M. J. Pagezy, maire de Montpellier et député de l'Hérault,
porte ensuite ce toast éloquent, si rempli de faits et d'une si
grande puissance de raisonnement, à la liberté du commerce :

MESSIEURS,

J'ai l'honneur de vous présenter un toast à la liberté du commerce.

Toutes les libertés sont sœurs, mais nous devons considérer la liberté du commerce, ou, en d'autres termes, la liberté du travail. comme l'une de nos libertés les plus précieuses.

Avant 1789, les jurandes et les maîtrises entouraient l'accès des professions d'obstacles souvent insurmontables ; des règlements vexatoires entravaient l'exercice de l'agriculture, du commerce et de l'industrie.

Je ne citerai que quelques faits :

Il était défendu de planter des vignes sans autorisation ; les troupeaux devaient être tondus en présence d'un commissaire du gouvernement, et leurs produits ne pouvaient être vendus à d'autres qu'à des fabricants;

Les manufacturiers étaient soumis à des règlements qui ne leur laissaient pas la liberté de se conformer au goût des consommateurs et les enserraient, sous les peines les plus sévères, dans des prescriptions minutieuses de qualité, de dimension et de forme.

Le commerce n'était pas seulement astreint à payer les droits et à remplir les formalités aux frontières de la France, chaque province, souvent chaque localité, percevait des droits de traite, et les opérations commerciales étaient entravées à chaque pas.

La Révolution a déchiré ces langes dans lesquels étouffaient notre agriculture, notre industrie et notre commerce. Mais la réforme n'a pas été complète. Nos transactions intérieures ne jouissent pas d'une entière liberté ; aux barrières autour des provinces, ont été substituées les barrières autour des villes ; les premières étaient peu nombreuses, les secondes deviennent innombrables.

Ne nous lassons pas, Messieurs, d'invoquer les éternels principes de la liberté ; ne négligeons aucun effort pour faire tomber ces barrières intérieures. La lutte sera vive, elle sera longue ; mais elle doit être suivie de la victoire.

En attendant le moment où le progrès des idées libérales et la force de l'opinion publique imposeront cette importante réforme, diminuons les fâcheux effets du régime actuel, rendons la révolution future plus douce, en travaillant énergiquement à la réduction des droits d'octroi.

L'expérience a prouvé que lorsqu'on abaisse les tarifs, la recette diminue et puis augmente progressivement.

La réforme postale et la réforme télégraphique ont donné une impulsion immense à ces deux services publics.

Les droits de douane sur les cafés et les cacaos ont été diminués de moitié, il y a peu d'années, et déjà la valeur des cafés importés s'est élevée de 68 millions à 82 millions, et celle des cacaos. de 7,671,000 fr. à 13,357,000 fr.; de sorte que le fisc a recouvré·

sur ce dernier article, tout le sacrifice qu'il avait fait, et qu'il est facile de prévoir le moment prochain où l'augmentation progressive de la consommation du café amènera un résultat pareil.

Nul doute, Messieurs, que le même effet ne soit produit par une forte réduction des droits qui frappent les vins aux entrées des villes.

Aussi, Messieurs, j'ai cru être l'interprète fidèle de vos sentiments, en provoquant la diminution de moitié des droits d'entrée et d'octroi perçus à Paris sur les vins, cidres, poirés et bières.

Déjà l'année dernière j'avais rédigé, dans ce but, un amendement, qui fut signé par un grand nombre de mes collègues. La Commission du budget le prit en considération et recommanda au gouvernement l'étude de cette importante question.

Nous avons reproduit, cette année, cette proposition sous deux formes différentes : l'une soumise à la Commission du budget, l'autre à la Commission chargée de l'examen du projet de loi autorisant le traité intervenu entre la ville de Paris et la Société du Crédit foncier [1].

Cette réduction des droits sur les vins doit doubler leur consommation dans Paris, et nous avons lieu d'espérer que nous l'obtiendrons sans une trop longue attente.

Mais, Messieurs, si la France assure à notre commerce le marché le plus vaste et le plus sûr, l'étranger lui offre des débouchés d'une importance très-grande et qui augmente tous les jours.

La somme totale de notre commerce extérieur, qui était, en 1848, de 1 milliard 644 millions, s'élevait, en 1858, dix ans après, à près de 5 milliards, et, en 1866, à plus de 8 milliards.

Les départements qui composent notre région, et dont nous avons le bonheur de posséder au milieu de nous de si dignes représentants, sont le plus directement intéressés, par leur position géographique et par la nature de leurs produits, à d'actives et faciles transactions avec les pays étrangers.

La réforme commerciale, dont le gouvernement de l'Empereur a pris la libre et heureuse initiative, inaugurera pour eux une ère

[1] L'amendement envoyé à la commission du budget est la copie de celui de l'année dernière ; l'amendement au projet de loi autorisant le traité de la ville de Paris avec le Crédit foncier a pour but d'obtenir que la somme que ce traité laisse disponible entre les mains de la ville, soit employée, jusqu'à concurrence de 30 millions : 1. à couvrir le déficit que l'abaissement du tarif de l'octroi peut causer ; 2. à faire les avances à l'Etat de la diminution temporaire de revenu que peut amener la réduction de la taxe de remplacement aux entrées de Paris.

nouvelle. L'ouverture du canal de Suez va rouvrir les anciennes voies commerciales, fermées depuis qu'un hardi navigateur a eu le courage de doubler le cap de Bonne-Espérance, et le bassin de la Méditerranée va redevenir le centre du commerce du monde.

Montrons-nous à la hauteur de la tâche que nous impose la divine Providence, et ne permettons pas que quelques hommes imbus de vieux préjugés, ou dominés par des intérêts spéciaux, privent notre patrie des avantages que lui assure la liberté commerciale.

Que voyons-nous, en effet, Messieurs.

Une véritable croisade a été organisée contre notre réforme économique. Après avoir rempli les journaux de leurs doléances, les maîtres de forges, les industriels du Nord et quelques agriculteurs fourvoyés ont poussé leurs représentants au Corps législatif à interpeller le gouvernement sur les conséquences du libéralisme de notre régime commercial.

Messieurs, nous pouvons attendre avec confiance l'issue de ce débat. Nous avons pour nous la justice et une expérience décisive de sept années.

Quel est l'état de la France depuis le traité avec l'Angleterre ? Le mouvement commercial s'est-il ralenti ? Nos industries sont-elles languissantes ou même stationnaires ? Notre agriculture est-elle dans la détresse?

Non, Messieurs, l'ensemble général de notre situation économique est des plus satisfaisants.

L'étude du commerce extérieur et intérieur nous en fournira la preuve.

J'ai déjà eu l'honneur de vous faire connaître les immenses développements de notre commerce avec les nations étrangères depuis 1848, permettez-moi de jeter un coup d'œil rapide sur l'état de notre commerce extérieur avant et après la réforme de nos tarifs douaniers.

Pendant les six années de 1855 à 1860, la moyenne annuelle des importations et des exportations de la France a été de 5 milliards 126 millions; pendant les six années qui ont suivi, de 1861 à 1866, cette moyenne s'est élevée à 6 milliards 921 millions : différence en faveur des six dernières années, 1 milliard 755 millions, soit une somme plus élevée que celle du commerce total en 1848. Si nous prenons pour terme de comparaison les deux années extrêmes des deux périodes, 1860 et 1866, nous trouvons en 1860 un mouvement commercial de 5 milliards 805 millions; en 1866, de 8 milliards 126 millions ; de sorte que, depuis le traité, le commerce extérieur a augmenté de 2 milliards 231 millions de francs.

En étudiant les détails, nous voyons que les importations sont principalement composées de denrées alimentaires, de produits, naturels et de matières premières nécessaires à l'industrie, et les exportations des produits de notre sol et de notre agriculture, et de quantités très-considérables d'objets fabriqués.

Je pourrais vous citer quelques chiffres à l'appui de ces observations. Ils me permettraient de vous prouver d'une manière plus saisissante les faits que je viens d'avancer, mais je ne veux pas fatiguer trop longtemps votre attention, certain que ceux que j'ai eu l'honneur de vous rappeller sont assez éloquents pour rassurer les plus timides.

Nous pouvons donc affirmer que les traités de commerce ont donné une vive impulsion à nos relations avec l'étranger.

. Mais, Messieurs, notre commerce extérieur aurait pu prospérer et celui de l'intérieur languir. Quoique ces deux faits paraissent inconciliables, cherchons à découvrir s'ils se sont produits.

Pour cette partie de notre tâche, nous n'avons plus à notre disposition des documents officiels fournissant la preuve des faits qu'on avance. Il faut puiser à d'autres sources ; mais j'espère que nous y trouverons les documents nécessaires pour vous donner une conviction entière. Le produit des impôts indirects, la consommation de la houille et les quantités de marchandises transportées fournissent les moyens de constater la diminution ou l'augmentation du mouvement commercial.

Vous connaissez tous, Messieurs, le développement progressif du produit des contributions indirectes ; leur mouvement ascendant n'a pas cessé et s'est élevé au chiffre d'environ 1 milliard 200 millions, malgré de nombreuses réductions d'impôts.

La France ne produisait en 1851 que 4,485,000 tonnes de houille d'une valeur d'environ 42 millions de francs ; en 1865, elle a produit 11,300,000 tonnes d'une valeur de 129,950,000 fr. En 1861, les importations étaient d'une valeur de 104,309,000 fr.; elles s'élevaient en 1867 à 142,955,000 fr. L'énonciation de ces chiffres suffit, et je m'abstiens de les faire suivre d'observations.

L'augmentation des transports nous fournira de nouvelles preuves de notre activité commerciale.

En ce moment, la circulation en France peut être évaluée :

	Tonnes transportées à 1 kilomètre.
Sur les routes impériales, à...............	2,000,000,000
Sur les routes départementales, à.........	1,500,000,000
Sur les chemins vicinaux classés, à.......	3,250,000,000
Sur les canaux, à........................	3,000,000,000
Total..............	9,750,000,000

L'expérience a prouvé que depuis l'ouverture des voies ferrées. la circulation moyenne était restée stationnaire sur les canaux et les routes impériales, avait subi une augmentation sur les routes départementales, s'était développée dans d'assez grandes proportions sur les chemins vicinaux. Je suis donc certain de rester au-dessous de la vérité en supposant que la circulation n'a fait aucun progrès sur les canaux et les routes de terre, et en me bornant à considérer, comme l'augmentation réelle sur les transports, la quantité transportée sur les chemins de fer :

	Tonnes à 1 kilomètre.
En 1852, nos voies ferrées ont transporté..	296,720,233
En 1860 (signature du traité).............	2,794,656,319
En 1866................................	5,837,000,000

De 1860 à 1866, l'augmentation est de 3 milliards 42 millions de tonnes transportées à un kilomètre. Cette quantité représentant un quart du tonnage général, le mouvement commercial intérieur a augmenté d'un quart de 1860 à 1866 [1].

Il est donc impossible de ne pas reconnaître que, depuis la réforme commerciale, le commerce intérieur s'est considérablement accru.

Tout le constate : et l'augmentation incessante des produits des impôts indirects ;

Et la consommation tous les jours plus grande de la houille, ce pain de l'industrie ;

Et l'augmentation des transports.

Vous le voyez, Messieurs, la réforme économique a été féconde.

La France, débarrassée d'entraves séculaires, a marché à grands pas dans la voie de la liberté et par suite du progrès.

La prospérité générale est incontestable. Mais, pour la conserver et pour l'augmenter même, ouvrons les barrières qui l'arrêtent encore.

Poursuivons la réforme des tarifs étrangers. qui frappent de droits si élevés les produits de notre sol et de notre industrie, et notamment les vins.

Achevons et perfectionnons nos voies de communication ; elles porteront le mouvement et la vie au milieu de populations livrées à

[1] Le nombre de voyageurs présente aussi une très-grande augmentation

		Transportés à 1 kilomètre.
Il était en 1852, de..	537,171,558
— 1860, de...........................	2,274,808,612
1866, de	3,430,000,000

l'isolement et à la misère, et dont la prospérité augmentera notre richesse.

Enfin, continuons à soutenir les bienfaisants et féconds principes de la liberté du commerce.

Nos pères n'ont cessé de protester contre les droits de douanes et les prohibitions, qui arrêtaient le développement de notre agriculture et de notre commerce.

Nous avons continué leur œuvre ; mais, plus heureux qu'eux, il nous a été donné de voir le chef d'un gouvernement fort et populaire braver les préjugés, n'écouter que l'intérêt général, et faire prévaloir le droit et la justice.

Lorsqu'on ose attaquer l'un des actes les plus glorieux de ce siècle, défendons-le avec énergie.

Cette cause est la nôtre ; donnons-lui notre appui moral en acclamant le toast: *A la liberté du commerce !*

M. Rendu, inspecteur général de l'agriculture, a adressé ses remerciements à MM. les organisateurs du Concours régional :

MESSIEURS,

Vous avez bien fait toutes choses, je vous dois des remerciements.

L'habile organisation du Concours régional de Montpellier, le nombre et le mérite des exposants, l'ont rendu digne de vous, digne de cette cité, où les lettres et les sciences, l'industrie et les arts se donnent si glorieusement la main.

Vous entourez notre fête d'éclat, et vous avez raison : l'agriculture n'est-elle pas une des forces vives de la France, la vraie richesse des pays civilisés ?

Buvons donc à ses progrès, à ses pacifiques conquêtes ! ·

Buvons à cette heureuse confraternité qui fait une grande famille de tous les amis de l'agriculture !

A vous tous, Messieurs. l'expression cordiale de ma reconnaissance !

M. Viala, vice-président de la Société d'agriculture, a porté, dans les termes suivants un toast aux exposants :

MESSIEURS ,

Je vous propose de porter un toast aux lauréats du concours des vins, aux Sociétés, aux Comices agricoles, aux communes de la région qui ont organisé les belles expositions collectives que vous avezvues, à tous les autres exposants.

Je félicite ceux que le succès a couronnés. J'ai à dire aux autres qu'on succombe avec honneur quand on a lutté contre des concurrents si nombreux et d'un mérite si élevé.

Que MM. les membres du jury veuillent bien, eux aussi, me permettre de leur adresser ici les remerciements et les éloges qui leur sont dus pour l'assiduité et la sûreté d'appréciation dont ils ont donné tant de preuves pendant cette dégustation si longue et si difficile. Plus de 1,100 échantillons, représentant plus de deux mille bouteilles, ont passé dans ces deux jours par leurs mains.

Après avoir vu les beaux produits que renfermait notre exposition des vins, devons-nous, Messieurs, comme on nous a si souvent conseillé de le faire, changer tout notre système de viticulture pour devenir une malheureuse contrefaçon de la Bourgogne ou de tout autre grand cru?

Viticulteurs du Midi, restons ce que nous sommes; nous formons une grande famille agricole qui a de vieux quartiers de noblesse et qui ne doit pas les déchirer; tâchons seulement d'en conquérir de nouveaux en améliorant, en perfectionnant sans cesse. Apprenons surtout à nous unir, car nous avons des intérêts communs à défendre et à faire prévaloir.

L'œuvre de notre union a, du reste, commencé : en ouvrant les portes de son Exposition aux neuf départements qui composent la région, la Société d'agriculture de l'Hérault a témoigné des sentiments de solidarité et de confraternité qui doivent, suivant elle, unir tous les viticulteurs du Midi. La région a compris cet appel et lui a envoyé en réponse la plus magnifique exposition de vins qu'on ait vue dans nos contrées.

Puissent les sentiments d'union qui se sont spontanément développés dans cette circonstance, entre tous les membres du jury, s'étendre et se propager dans la région tout entière. Si les vœux que je forme en ce moment sont un jour réalisés, le Concours de Montpellier sera une ère mémorable dans les fastes agricoles du midi de la France.

Aux lauréats, aux exposants du concours des vins !

M. Henri Marès a heureusement terminé la série de ces toasts par un discours dans lequel il résume éloquemment les intérêts vinicoles de notre région, dans l'union du commerce et de l'agriculture :

MESSIEURS,

Je vous propose un toast à l'union féconde de l'agriculture et du commerce.

Depuis longtemps cette union est un fait consommé dans notre pays; elle en fait la prospérité, et il en recueille les bienfaits. Chacun de nous les apprécie, car notre présence autour de cette table, où je vois les représentants les plus autorisés de notre agriculture et de notre commerce, est un hommage que nous rendons à leur puissante alliance.

Nulle part les résultats de leur étroite union n'ont été plus féconds, plus durables et plus grands que dans ce pays, siége du Concours actuel, qu'à Montpellier même, qui leur doit son antique richesse, ses meilleures traditions, et qui les confond dans ses souvenirs et ses affections avec le culte des sciences et des arts, dont elle est, depuis sa fondation, un des foyers les plus brillants.

En effet, rappelons-nous, Messieurs, qu'à Montpellier, dans les temps passés, nos ancêtres du moyen âge, traversant les graus et les étangs, fondèrent un port de mer aux pieds même de nos murs, et qu'ils ont inscrit leurs noms parmi les navigateurs infatigables qui couvrirent, à cette époque, la Méditerranée de leurs vaisseaux; que notre cité, de même que les républiques italiennes, dont le nom est resté célèbre dans l'histoire, faisait des traités pour son commerce, et qu'elle fournissait même des navires aux croisés qui allaient combattre les infidèles.

Or, à cette époque héroïque dont les souvenirs sont pour nous légendaires, un des principaux éléments du commerce de ce pays était les vins des environs de Montpellier et du littoral, et, parmi eux, ceux de Frontignan, déjà célèbres.

Plus tard, nous voyons ce double mouvement de l'agriculture et du commerce s'accentuer d'avantage, jusqu'à l'époque où le génie d'un grand roi, qui pénétrait dans l'avenir, reconnut la nécessité de posséder, outre le port d'Agde, un vaste établissement maritime dans le golfe de Lion. La ville de Cette fut alors fondée, et c'est en elle que se concentra le commerce maritime autrefois fixé à Montpellier. Ainsi placée au centre des rivages de la France méditerranéenne, en face de notre grande colonie d'Afrique, formant le point de départ et d'arrivée du canal des deux mers et des étangs, ainsi que la tête de ligne de trois voies ferrées magistrales, celles d'une partie de la Méditerranée, du Midi et de Rodez, la ville de Cette est appelée au plus brillant avenir, et elle continue pour nous les traditions commerciales dont l'antique berceau fut à Montpellier.

Quant au commerce intérieur, son grand développement est plus récent ; il se crée et s'étend à mesure que s'établissent et se perfectionnent les voies de communication, et de nos jours, suivant l'impulsion des chemins de fer, nous l'avons vu prendre un accroissement prodigieux, transformer chaque gare de marchandises en un milieu commercial, et se fonder sur un double mouvement d'exportation et d'importation dont le vin est devenu le pivot principal. C'est ainsi que Montpellier, Béziers, Agde, Pézenas, Lunel, deviennent des places de commerce importantes.

C'est dans ces conditions que naît et se développe cette grande culture de la vigne, qui n'a cessé de produire parmi nous les résultats les plus avantageux, et qu'on la voit s'étendre sans cesse aux dépens des céréales et des jachères. Il y a un siècle, sur un territoire cultivable de trois cent mille hectares à peine, la vigne en occupait déjà dans l'Hérault plus de quatre-vingt mille ; aujourd'hui, elle s'étend sur une surface double.

Je ne ferai pas l'histoire de ses progrès successifs et des crises qu'elle a subies depuis, mais je rappellerai les efforts constants de nos agriculteurs pour réduire leurs cultures de céréales, auxquelles le climat de la région est peu favorable, et pour leur substituer la vigne, qui s'en accommode si bien ; ceux de la science et de l'industrie, et surtout du commerce, pour créer et maintenir un débouché aux produits de nos vignobles.

La distillation des vins, qui donne naissance aux eaux-de-vie de Montpellier et ensuite aux 3/6 du Midi, rappelle les noms de nos compatriotes : c'est d'abord Arnaud de Villeneuve, le célèbre alchimiste du XIIIe siècle, l'inventeur de la distillation ; ensuite, Bories et Pouget, qui inventèrent, en 1772, l'aréomètre dont on se sert encore aujourd'hui pour titrer sur nos marchés les eaux-de-vie et les alcools ; Édouard Adam, dont les appareils distillatoires donnent l'alcool d'un seul jet ; Rozier et Chaptal, dont les grands travaux préparent les grands progrès réalisés depuis le commencement du siècle. Mais c'est de nos jours surtout qu'ils se sont accomplis, après la crise provoquée par l'oïdium, et depuis que l'emploi du soufre est devenu un des éléments de la culture de la vigne dans notre département.

L'année 1856 est le point culminant de cette crise ; la production du vin dans l'Hérault était tombée à un million d'hectolitres, et les surfaces cultivées à moins de 100 mille hectares, tandis que, en 1848, la récolte dépassait 4 millions d'hectolitres, et la surface du vignoble 112 mille hectares. L'année 1865, qui, pour l'abondance, correspond à 1848, marque le point culminant du développement récent de la production et des surfaces cultivées en vignes. Dans cette période décennale, des efforts prodigieux sont faits par notre population agricole, et sous l'énergique impulsion de la consommation qui n'a cessé de s'accroître, notre département répare non-seulement les pertes des dernières années, mais de 1856 à 1866 il porte sa surface en vignes à 160 mille hectares, et sa production à 10 millions d'hectolitres de vin Il est ainsi devenu la source féconde à laquelle vient s'alimenter un commerce immense qui se répand sur la France entière, et prend une part des plus importantes de notre exportation vinicole.

Messieurs, comme agriculteurs, nous pouvons nous montrer fiers de pareils efforts ; nous croyons qu'ils sont jusqu'à présent un exemple unique dans nos annales agricoles, car on leur doit le remaniement ou la création de 75 à 80 mille hectares de vignobles, chiffre réellement extraordinaire, qui a nécessité l'emploi d'énormes capitaux ; mais, en les accumulant sur notre sol, ils en ont largement élevé la valeur, et en ont fait pour nos populations rurales l'atelier le plus vaste, le plus salutaire, le plus productif. Il leur assure le travail, car il demande sans cesse de nouveaux bras et de nouveaux labeurs. La transformation agricole qui en est la conséquence est elle-même merveilleuse et a dépassé toutes les espérances. Elle montre ce que peut une agriculture qui répond aux exigences d'un climat spécial et aux besoins d'une large consommation ; ce que peut, enfin, son union avec un commerce actif, aidé de bonnes voies de communication et appuyé sur une liberté d'échange complète.

Comme vous le voyez, Messieurs, sans un grand commerce à l'intérieur et à l'extérieur, les débouchés n'existent pas ; sans une agriculture forte, riche et intelligente, la matière commerciale fait défaut : aussi la prospérité ne peut-elle naître que du concours et du développement simultané de l'agriculture et du commerce ; d'où il faut conclure que, au fond, leurs intérêts sont solidairement et étroitement liés.

Si j'ai tracé le tableau de la viticulture dans l'Hérault seulement, que mes confrères des départements de la région méridionale qui sont ici présents me le pardonnent. Comme nous ne sommes que les pionniers du grand mouvement viticole provoqué par les progrès de l'agriculture, par le perfectionnement des voies de communication et par l'application des principes de la liberté commerciale, nos voisins de la région sont appelés comme nous, dans un temps prochain, à réaliser les mêmes résultats. Leur brillante exposition vinicole en est le témoignage, et nous sommes heureux de les féliciter des succès qu'ils y ont obtenu.

Chacun d'eux peut prendre sa place à côté de nous, car l'horizon de nos débouchés s'agrandit sans cesse, et il s'agrandira bien plus encore à mesure que la réforme des impôts de consommation, que propose le gouvernement de l'Empereur, donnera un nouvel essor à notre commerce méridional sur le marché intérieur.

Messieurs, à l'antique union de l'agriculture et du commerce!

D'unanimes applaudissements ont accueilli ces discours, où ont été traitées avec une autorité spéciale les diverses questions par lesquelles la prospérité de nos contrées se rattache si étroitement à celle du pays tout entier.

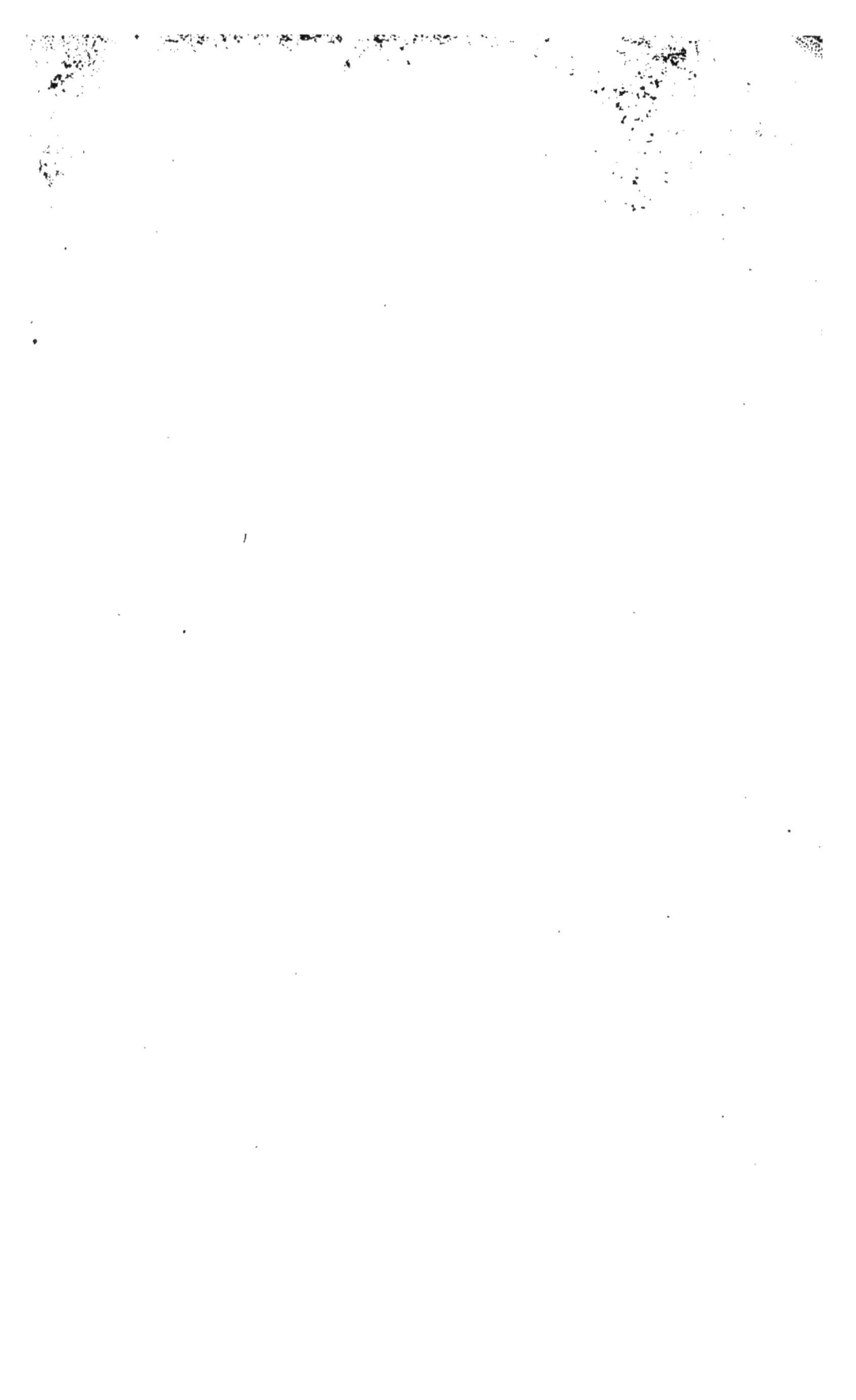

MONTPELLIER, IMPRIMERIE GRAS

www.ingramcontent.com/pod-product-compliance
Lightning Source LLC
Chambersburg PA
CBHW050021100426
42739CB00011B/2735